El Viaje del Alma Nómada
Redescubriendo el Tengriismo

Allan Shepard

Booklas Publishing — 2025
Obra escrita originalmente en 2022

Título Original:
The Journey of the Nomadic Soul - Rediscovering Tengriism
Copyright © 2025, publicado por Luiz Antonio dos Santos ME.
Este libro es una obra de no ficción que explora prácticas y conceptos en el campo de la espiritualidad ancestral y el Tengriismo. A través de un enfoque reflexivo y profundo, el autor ofrece una reconexión con saberes milenarios, destacando su relevancia en el contexto espiritual contemporáneo.
1ª Edición
Equipo de Producción
Autor: Allan Shepard
Editor: Luiz Santos
Portada: Studios Booklas / **Naira Vizkaya**
Consultor: **Dario A. Menz**
Investigadores: **Ilun Karei / Mateo Sorkin / Ema Nureyev**
Diagramación: **Xel Ródan**
Traducción: **Silvia Atanar**

Publicación e Identificación
El Viaje del Alma Nómada
Booklas Publishing, 2025
Categorías: Espiritualidad / Religión Ancestral
DDC: 299.5 — CDU: 299

Todos los derechos reservados a:
Luiz Antonio dos Santos ME / Booklas Publishing
Ninguna parte de este libro puede ser reproducida, almacenada en un sistema de recuperación o transmitida por ningún medio — electrónico, mecánico, fotocopia, grabación u otro — sin la autorización previa y expresa del titular de los derechos de autor.

Contenido

Índice Sistemático 5
Prólogo 10
Capítulo 1 Cielo Eterno 14
Capítulo 2 Raíces Antiguas 20
Capítulo 3 Alma Nómada 26
Capítulo 4 Dios del Cielo 32
Capítulo 5 Madre Tierra 38
Capítulo 6 Espíritus de la Naturaleza 44
Capítulo 7 Culto Ancestral 50
Capítulo 8 Tres Mundos 57
Capítulo 9 Mundo Celestial 63
Capítulo 10 Mundo Subterráneo 69
Capítulo 11 Múltiples Almas 75
Capítulo 12 Chamán Mediador 82
Capítulo 13 Rituales Sagrados 88
Capítulo 14 Curación Chamánica 95
Capítulo 15 Tótems y Símbolos 101
Capítulo 16 Lugares Sagrados 108
Capítulo 17 Sincretismo Budista 114
Capítulo 18 Resistencia Ancestral 120
Capítulo 19 Tengri e Islam 127
Capítulo 20 Tengri y Cristianismo 133
Capítulo 21 Modernidad Secular 140
Capítulo 22 Revivalismo Actual 146
Capítulo 23 Búsqueda Espiritual 153

Capítulo 24 Chamanismo Siberiano 160
Capítulo 25 Tradiciones Indígenas 167
Capítulo 26 Visión Ecológica 175
Capítulo 27 Prácticas Modernas 182
Capítulo 28 Valores y Ética 189
Capítulo 29 Identidad Espiritual 196
Capítulo 30 Conexión Sagrada 202
Capítulo 31 Resignificación Moderna 208
Capítulo 32 Sabiduría Ancestral 215
Capítulo 33 Armonía Cósmica 222
Epílogo 228

Índice Sistemático

Capítulo 1: Cielo Eterno - Presenta a Tengri, el Cielo Eterno, como la consciencia del universo en la espiritualidad tengriista, manifestada en los ciclos naturales y en la vida de los nómadas.

Capítulo 2: Raíces Antiguas - Explora los orígenes del tengriismo en las estepas euroasiáticas, su vínculo con el modo de vida nómada y su persistencia a través de los tiempos, influenciando a pueblos e imperios.

Capítulo 3: Alma Nómada - Describe el alma nómada como libre y conectada con lo sagrado, donde la espiritualidad se entrelaza con lo cotidiano, la naturaleza y la comunidad.

Capítulo 4: Dios del Cielo - Explora la figura de Tengri, el Dios del Cielo, como la representación del propio firmamento y del orden cósmico, reverenciado no con temor, sino con reconocimiento y respeto.

Capítulo 5: Madre Tierra - Describe la importancia de la Tierra como divinidad femenina, Etugen, que, junto con el Cielo, sustenta la vida y el equilibrio, siendo reverenciada con gratitud y cuidado.

Capítulo 6: Espíritus de la Naturaleza - Presenta la creencia en los Iye, espíritus que habitan y animan los elementos naturales, exigiendo respeto y convivencia armoniosa por parte de los humanos.

Capítulo 7: Culto Ancestral - Explora la importancia de la reverencia a los ancestros en el tengriismo, vistos como protectores y guías espirituales, manteniendo viva la conexión entre las generaciones.

Capítulo 8: Tres Mundos - Describe la cosmología tengriista de los tres mundos - superior, medio e inferior - y la interconexión entre ellos, influenciando la vida y las acciones humanas.

Capítulo 9: Mundo Celestial - Explora el mundo celestial, morada de Tengri y otras divinidades, como un plano de existencia superior que influencia la vida en la Tierra.

Capítulo 10: Mundo Subterráneo - Describe el mundo subterráneo, gobernado por Erlik Khan, como un reino de transformación y encuentro con lo oculto, necesario para el equilibrio de la existencia.

Capítulo 11: Múltiples Almas - Aborda la creencia en la existencia de múltiples almas en el ser humano, cada una con funciones y características distintas, que necesitan estar en equilibrio para la salud integral.

Capítulo 12: Chamán Mediador - Describe el papel del chamán como intermediario entre los mundos visible e invisible, responsable de curar, guiar y mantener el equilibrio espiritual de la comunidad.

Capítulo 13: Rituales Sagrados - Presenta los rituales como elementos centrales en la práctica del tengriismo, promoviendo la conexión entre los mundos y la armonía entre los seres.

Capítulo 14: Curación Chamánica - Describe las prácticas de curación chamánica, que buscan restaurar el equilibrio espiritual y energético del individuo, tratando las causas profundas de las enfermedades.

Capítulo 15: Tótems y Símbolos - Explora el uso de tótems y símbolos como representaciones de fuerzas espirituales y ancestrales, conectando a los practicantes con la sabiduría y protección del mundo invisible.

Capítulo 16: Lugares Sagrados - Describe la importancia de los lugares sagrados en la geografía tengriista, como montañas, ríos y formaciones naturales, vistos como moradas de espíritus y portales hacia lo divino.

Capítulo 17: Sincretismo Budista - Examina la fusión entre el tengriismo y el budismo lamaísta en Mongolia, resultando en prácticas y creencias sincréticas que integran elementos de ambas tradiciones.

Capítulo 18: Resistencia Ancestral - Narra la persistencia del tengriismo frente a la represión y el secularismo, manteniéndose vivo a través de la memoria y las prácticas discretas.

Capítulo 19: Tengri e Islam - Examina la interacción entre el tengriismo y el Islam, mostrando cómo las dos tradiciones coexistieron y se influenciaron mutuamente, adaptando conceptos y prácticas.

Capítulo 20: Tengri y Cristianismo - Analiza la relación entre el tengriismo y el cristianismo, marcada por una tolerancia inicial y una incorporación de elementos cristianos dentro de la cosmovisión tengriista.

Capítulo 21: Modernidad Secular - Aborda el impacto de la modernidad secular, especialmente el comunismo, en la supresión de las tradiciones tengriistas y la subsiguiente resistencia cultural.

Capítulo 22: Revivalismo Actual - Describe el renacimiento del tengriismo tras el colapso de la Unión Soviética, impulsado por la búsqueda de identidad y espiritualidad auténtica.

Capítulo 23: Búsqueda Espiritual - Explora la creciente búsqueda de espiritualidad auténtica y arraigada, que encuentra en el tengriismo un camino relevante y conectado con la naturaleza.

Capítulo 24: Chamanismo Siberiano - Presenta las diversas tradiciones chamánicas de Siberia, sus similitudes con el tengriismo y sus particularidades culturales.

Capítulo 25: Tradiciones Indígenas - Explora las similitudes entre el tengriismo y las diversas tradiciones espirituales de pueblos indígenas alrededor del mundo, destacando la conexión con la naturaleza y lo sagrado.

Capítulo 26: Visión Ecológica - Detalla la profunda conexión del tengriismo con la naturaleza, presentando su ética ecológica y sostenible.

Capítulo 27: Prácticas Modernas - Describe cómo se practica el tengriismo en los tiempos actuales, adaptado a los contextos urbanos y a la vida moderna.

Capítulo 28: Valores y Ética - Presenta los valores y principios éticos del tengriismo, que emergen de la relación entre el ser humano, la naturaleza y el cosmos.

Capítulo 29: Identidad Espiritual - Aborda la búsqueda de identidad espiritual en el tengriismo, marcada por la reconexión con las raíces ancestrales y la afirmación cultural.

Capítulo 30: Conexión Sagrada - Describe la importancia de la conexión con lo sagrado en el tengriismo, manifestada en la relación entre el ser humano, la naturaleza y el cosmos.

Capítulo 31: Resignificación Moderna - Aborda la adaptación y la reinvención del tengriismo en el contexto moderno, buscando conciliar tradición y contemporaneidad.

Capítulo 32: Sabiduría Ancestral - Explora la sabiduría ancestral del tengriismo, transmitida oralmente y presente en las prácticas cotidianas, mitos y rituales.

Capítulo 33: Armonía Cósmica - Presenta la noción de armonía cósmica en el tengriismo, comprendida como equilibrio dinámico entre las fuerzas de la vida y la interconexión entre todos los seres.

Prólogo

Vivimos tiempos en los que la espiritualidad, para muchos, se ha convertido en un ruido de fondo. Un recuerdo difuso. Un eco casi imperceptible que, sin embargo, insiste en llamar —especialmente en los momentos de silencio más profundo. La modernidad, con sus promesas de progreso, nos ha alejado de algo esencial. En nombre de la racionalidad, hemos perdido la intimidad con lo invisible. Y así, miles caminan por el mundo con un vacío que no saben cómo nombrar. Sienten que les falta algo —sin saber qué. Pero lo sienten.

Esa ausencia, aunque sutil, resuena en todas las esferas de la vida. La ciencia, antes escéptica frente al tema, ahora confirma lo que los antiguos sabían de forma intuitiva: la espiritualidad genuina no solo nutre la mente, sino que fortalece el cuerpo. Estudios clínicos cada vez más numerosos demuestran que las prácticas espirituales auténticas —aquellas que conectan al ser humano con algo más grande que él mismo— reducen los niveles de estrés, mejoran la inmunidad, equilibran las emociones y amplían la sensación de pertenencia. La espiritualidad, entendida como eje existencial, es una medicina invisible.

Y, sin embargo, muchas de las religiones tradicionales han fracasado en mantener viva esa llama. Se han convertido, en gran parte, en sistemas pesados, institucionalizados, comerciales. Hablan de trascendencia, pero ofrecen reglas. Prometen reconexión, pero entregan liturgias frías. El templo se volvió empresa. Lo sagrado, espectáculo. Y el ser humano, al buscar refugio espiritual, encuentra pasillos vacíos o voces automatizadas.

Es en este escenario de búsqueda y desencuentro que una nueva tendencia silenciosa se impone: el retorno a los orígenes. No como una regresión al pasado, sino como un reencuentro con aquello que precede a los sistemas modernos. Existe un movimiento creciente de personas que buscan, en los vestigios de los pueblos antiguos, una espiritualidad viva, fluida, orgánica. Entre esas tradiciones olvidadas —pero nunca muertas— está el Tengriismo.

Este libro, que ahora reposa en tus manos, es una puerta abierta hacia ese reencuentro. El Tengriismo no nació en palacios ni fue revelado en tablas sagradas. Surgió del silencio de las estepas, del viento que canta entre las montañas, de la reverencia instintiva de los nómadas ante el cielo. Es una espiritualidad que no separa lo sagrado de lo cotidiano. Es lo cotidiano. Está en la forma en que se toca la tierra, en cómo se agradece al animal que entrega su vida, en cómo se escucha el consejo de los ancianos o el aviso de los sueños. No exige dogmas, exige presencia. Y hoy, más que nunca, esa presencia es urgente.

Al leer esta obra, no serás simplemente guiado por relatos históricos o descripciones antropológicas. Serás tocado por una sabiduría que aún palpita, que no ha sido extinguida —solo silenciada. Cada capítulo es una reconexión con capas profundas de la experiencia humana. Encontrarás aquí una espiritualidad que habla directamente a la intuición, al cuerpo, a la memoria ancestral que aún vive en nosotros. Porque sí —incluso entre muros de concreto y pantallas digitales— seguimos siendo hijos del cielo y de la tierra.

El Tengriismo es, ante todo, una cosmovisión: una forma de percibir el mundo como un organismo vivo e interdependiente. No hay jerarquía entre el ser humano y la naturaleza —hay reciprocidad. Los ríos son seres, los animales son guías, los sueños son mapas. El Cielo no es un lugar distante donde se proyecta a un dios punitivo, sino una conciencia amplia, viva, que observa en silencio y habla a través de los ciclos. La Tierra, por su parte, es Madre en sentido pleno —no metáfora, sino realidad. Todo lo que nace, crece, muere y renace, lo hace entre estos dos pilares: Padre Cielo y Madre Tierra.

Este libro es una invitación —pero no de aquellas que esperan una respuesta inmediata. Es un llamado que planta semillas. Tal vez lo leas entero y solo meses después percibas sus efectos. Tal vez algo te toque ya en las primeras páginas. En cualquier caso, su lectura no será inocua. Despierta. Desplaza. Cura.

Como editor, no me corresponde dictar el valor de una obra. Pero puedo afirmar, con la experiencia de quien ha leído cada línea, que este texto trasciende el papel. Vibra. Invoca. Nos reconecta con lo esencial y, al mismo tiempo, olvidado. No esperes fórmulas, ni promesas. Lo que encontrarás aquí es verdad —de esas verdades que no gritan, sino que susurran. Y que, precisamente por eso, transforman.

Sea cual sea tu origen espiritual, ten la certeza: hay algo aquí para ti. Un recuerdo que necesita ser reactivado. Un fuego que desea ser alimentado. Una sabiduría que siempre fue tuya, pero que quizás habías olvidado. El Tengriismo no busca convertirte. Solo ofrece una lente. Y quien ve a través de esa lente, contempla un mundo donde todo —absolutamente todo— es sagrado.

Permítete atravesar estas páginas con el alma abierta. No con prisa, sino con reverencia. Escucha los silencios. Siente el ritmo de los antiguos. Reconoce, en cada párrafo, un espejo que no revela el pasado, sino la eternidad que aún pulsa ahora.

Luiz Santos
Editor

Capítulo 1
Cielo Eterno

El cielo no era solo una vastedad azul sobre las cabezas de los nómadas; era la propia consciencia del universo. En cada soplo del viento en las estepas, en cada rayo de sol filtrado entre las nubes, se sentía la presencia de Tengri — el Cielo Eterno, el espíritu supremo que regía la vida y la muerte con silencio imperturbable.

En los largos viajes por los campos abiertos de Asia Central, los ojos de los ancianos buscaban más que nubes o estrellas. Buscaban señales, presagios, respuestas. Pues en el tengriismo, el cielo es más que un telón de fondo cósmico: es el propio Dios vivo, respirando sobre la Tierra.

Los antiguos túrquicos y mongoles no construyeron templos de piedra. Sus catedrales eran las montañas, sus capillas los valles abiertos y sus altares el propio suelo bajo sus pies. Vivir bajo Tengri era vivir en consonancia con el orden invisible de las cosas. El cielo no hablaba en palabras, pero se manifestaba a través de los ciclos naturales, de los cambios climáticos, de las migraciones de los animales, del curso de los ríos y de la disposición de los astros. Para aquel que sabía escuchar, el Cielo nunca estaba en silencio.

La espiritualidad tengriista floreció entre los vientos del tiempo sin necesidad de doctrinas escritas o escrituras sagradas. Su esencia era oral, sensorial, visceral. Lo sagrado no estaba separado del mundo; se derramaba sobre todas las cosas. El chamán no era sacerdote de un libro, sino de una experiencia. Leía las señales del cielo, interpretaba los sueños, caminaba entre los vivos y los muertos, los humanos y los espíritus. Era mediador entre los mundos, no porque ostentara un título, sino porque su alma ardía en la frecuencia de lo invisible.

Tengri no era un ser con rostro o nombre multiplicado en idiomas. Él era el azul profundo del firmamento, la vibración serena que flota sobre todas las cosas. En las lenguas túrquicas y mongólicas, la palabra "Tengri" es simultáneamente nombre y sustancia: es el cielo, es el dios, es el principio de todo. Es la manifestación del orden, de la justicia, de la fuerza vital. Y aunque jamás representado con forma humana, su presencia se sentía con intensidad en cada nacimiento, en cada cosecha, en cada luto.

Los rituales realizados en las montañas sagradas, en lo alto de los ovoos — aquellos montones de piedras decorados con cintas azules ondeando al viento — eran actos de comunión con el Cielo. Allí, el nómada ofrecía kumis, la leche fermentada de yegua, o quemaba ramas de enebro, invocando la protección de Tengri. No se trataba de pedir favores a una divinidad distante, sino de alinearse con una fuerza cósmica que ya habitaba la propia sangre, el propio aliento, el propio destino.

No había pecado en el tengriismo. Había desequilibrio. Había ruptura con el ciclo natural de las cosas. Ofender a Tengri era herir la armonía del mundo: faltar el respeto a la tierra, matar sin necesidad, actuar con deshonra. El castigo no era impuesto por un juicio moral trascendental, sino que venía en forma de cosechas fallidas, enfermedades, tempestades — señales inequívocas de que la conexión con el Cielo había sido comprometida.

En un mundo donde tantas religiones compiten por verdades absolutas, el tengriismo ofrece otra vía: la de la escucha silenciosa, de la humildad ante el misterio, de la reverencia a la vida en su forma más amplia. No exige conversión, no promete salvación, no separa fieles de infieles. Invita a la pertenencia. A mirar el cielo y reconocerse parte de él. A tocar la tierra y recordar que de ella venimos y a ella retornaremos.

Hoy, cuando el concreto sustituye los campos y la luz artificial esconde las estrellas, muchos vuelven los ojos hacia este antiguo camino espiritual. En medio del ruido de las ideologías, la sabiduría silenciosa del Cielo Eterno vuelve a ser escuchada. En los valles del Altai, en las mesetas de Mongolia, en las estepas de Kazajistán, renacen los cánticos, las danzas, los rituales olvidados. Jóvenes redescubren los nombres de los vientos, los significados de los pájaros, los mapas celestes grabados en el alma de sus antepasados.

Para algunos, se trata de resistencia cultural. Para otros, de una respuesta al vacío espiritual de la modernidad. Pero para todos, hay algo profundamente reconfortante en saber que el cielo no nos abandonó.

Que, incluso cubiertos por satélites y ruidos electrónicos, todavía podemos alzar los ojos y encontrar allí la misma vastedad azul que nuestros antepasados veneraban. Todavía podemos, con humildad y gratitud, decir: "Tengri, Cielo Eterno, yo te reconozco".

El retorno al tengriismo no es un retorno al pasado, sino un reencuentro con el origen. No es regresión, es regeneración. Pues el cielo nunca envejece. Nunca se impone. Él simplemente está. Presente. Observando. Guardando. Escuchando las plegarias murmuradas en el viento.

Y el viento todavía habla. Para quien sabe escuchar, susurra historias antiguas y promesas eternas. Sopla en los huesos de los vivos y canta en las tumbas de los muertos. Lleva el espíritu de Tengri, invisible, pero siempre presente, como un velo que cubre la Tierra con dignidad, con justicia y con esperanza.

Aquellos que retoman este camino no están solos. Alrededor del mundo, crecen los círculos, los ritos, los encuentros bajo el cielo abierto. Y cada vez que alguien, en cualquier rincón del planeta, levanta una piedra, enciende un fuego o derrama leche sobre la tierra en reverencia al Cielo, una antigua llama se reaviva. No una llama de nostalgia, sino de vigilia. De presencia. De conexión viva entre lo visible y lo invisible.

Pues el cielo nunca cayó. Nosotros fuimos los que olvidamos mirar hacia él. Y ahora, al recordar, al retornar, redescubrimos no solo una religión, sino un modo de estar en el mundo. Un modo de respirar, de escuchar, de ser.

Al restaurar esta antigua forma de espiritualidad, no se trata solo de rescatar costumbres o repetir ceremonias ancestrales, sino de reencontrar un eje interno, una brújula que apunta más allá del ruido cotidiano. El retorno a Tengri es también un retorno a la escucha — escucha de la naturaleza, del cuerpo, de los ciclos, de las pérdidas y de los encuentros. El chamán contemporáneo quizás ya no use pieles de lobo ni camine entre tiendas humeantes, pero lleva en sí la misma capacidad de percibir la delicada costura entre los mundos. Lo sagrado resurge, así, no como espectáculo, sino como presencia viva en el gesto simple, en el silencio compartido, en la consciencia de que todo está conectado.

Esta reconexión no requiere que abandonemos nuestras ciudades o tecnologías, sino que cambiemos el modo en que nos posicionamos ante la vida. El cielo, otrora compañero de los nómadas, puede ser el mismo cielo contemplado desde la ventana de un edificio alto, siempre que los ojos que lo ven estén abiertos a su profundidad. El espíritu de Tengri no exige la estepa, pero pide espacio dentro del alma.

Y quizás ese sea el verdadero desafío moderno: cultivar una interioridad vasta como los campos del Altai, aprender a ver lo divino en los flujos invisibles que sustentan nuestra existencia, rescatando la reverencia que antecede a cualquier palabra. Porque en tiempos de prisa y olvido, recordar el Cielo Eterno es recordarse a sí mismo — no como individuo separado, sino como parte de un todo pulsante, antiguo y siempre nuevo.

El camino que se abre ante los que reconocen esta verdad no está escrito en piedra ni dibujado en mapas. Es trazado en el viento, revelado en el ritmo de las estrellas, sostenido por la memoria viva de los que todavía osan caminar con los ojos vueltos hacia lo alto.

Capítulo 2
Raíces Antiguas

Mucho antes de que cualquier palabra fuera escrita en pergaminos o de que cualquier dogma fuera esculpido en piedra, las raíces del tengriismo ya serpenteaban por las vastedades sin fin de las estepas euroasiáticas. Esas raíces no se esparcieron por imposición o conquista, sino que florecieron naturalmente, como la hierba bajo la escarcha primaveral. Se entrelazaron con el modo de vida nómada, con los ritmos de la tierra, con los vientos que cruzaban las praderas trayendo secretos de épocas olvidadas.

El tengriismo nació allí donde el cielo toca la tierra sin intermediarios, entre pueblos que vivían no bajo techos de piedra, sino bajo la cúpula azul del firmamento eterno. Pueblos como los göktürks, los xiongnu, los búlgaros primitivos y los mongoles encontraron en Tengri no una autoridad abstracta, sino un reflejo directo de la realidad que los envolvía. Ellos eran hijos del cielo y de la estepa. Vivir era moverse en círculos – migrar con las estaciones, seguir los rebaños, observar las estrellas. En esa danza cósmica, cada gesto era sagrado. Y el tengriismo, más que una religión en el sentido moderno, era el hilo invisible que cosía todos los aspectos de la existencia. Era cosmovisión, era ética, era memoria.

Las inscripciones de Orkhon, grabadas en las rocas del siglo VIII, todavía resuenan como truenos ancestrales en las márgenes de los ríos mongoles. No son solo registros históricos; son testamentos espirituales. Allí, se ve la clara convicción de que el poder político de los kanes turcos provenía directamente de Tengri. El liderazgo no era usurpación, sino mandato celestial. Aquel que se apartara del camino del cielo perdía su derecho a gobernar, y la desgracia no tardaba en caer sobre su pueblo. Esta concepción reforzaba un pacto cósmico entre el gobernante y el cielo – un contrato invisible, pero indiscutible.

Gengis Kan, el nombre que aún resuena como un trueno en los anales del tiempo, jamás se vio a sí mismo como un simple conquistador. Se decía hijo del Cielo Azul. Su ascenso, sus victorias, su misión en el mundo, todo era comprendido como manifestación de la voluntad de Tengri. En lo alto de la montaña Burkhan Khaldun, el joven Temujin clamó a Tengri con lágrimas y promesas. Allí, entre las piedras y los cielos, se selló una alianza que guiaría los pasos de aquel que se convertiría en el unificador de las tribus y terror de los imperios.

Pero el tengriismo que inspiró a Gengis Kan no era un sistema cerrado, ni una doctrina fosilizada. Era un campo fértil, poblado por una miríada de espíritus de la naturaleza, antepasados venerados y entidades telúricas. Era un politeísmo fluido, donde cada río tenía un nombre, cada monte un guardián, cada animal un espíritu. Los chamanes, como jardineros de este paisaje invisible, mantenían el equilibrio entre los mundos. Con sus tambores y cánticos, atravesaban los velos de la realidad común para dialogar con las fuerzas que moldeaban el destino de la tribu.

Esta espiritualidad oral, transmitida por cantores, contadores de historias y ancianos, resistió al tiempo con la terquedad de las raíces profundas. Incluso sin escrituras formales, permaneció viva – porque estaba inscrita en las prácticas diarias, en los ritos estacionales, en las relaciones sociales. Cada nacimiento era acompañado por rituales de protección. Cada matrimonio, por bendiciones del cielo. Cada muerte, por cánticos que guiaban el alma hasta los dominios de los ancestros. No había separación entre lo sagrado y lo cotidiano.

Y aun cuando imperios florecieron y cayeron, aun cuando religiones organizadas avanzaron con misioneros y ejércitos, el tengriismo persistió. Se adaptó, se ocultó, se transformó, pero nunca desapareció. Durante los períodos de influencia islámica y budista, elementos tengriistas fueron incorporados a los nuevos sistemas. Un santuario podía convertirse en una mezquita; un ovoo, en una capilla. Pero el espíritu que susurraba entre las piedras y en los cantos de las abuelas continuaba siendo el mismo.

Investigaciones antropológicas modernas revelan la complejidad y la profundidad de esta religión ancestral. No puede ser reducida a un mero animismo o a un chamanismo genérico. Es, al mismo tiempo, fe cósmica y ecología espiritual. Una red de significados que conecta humanos, animales, cielos y tierras en una trama viva. Sus mitos no son fábulas infantiles, sino mapas de comprensión de la realidad. Sus rituales, mucho más allá del simbolismo, son herramientas de reequilibrio energético y comunión con el todo.

Durante los tiempos de dominación soviética, cuando las religiones tradicionales fueron perseguidas y la cultura nativa reprimida, el tengriismo sobrevivió en canciones populares, proverbios, costumbres campesinas. La leche todavía era derramada al suelo en ofrenda silenciosa. El viento todavía era saludado con reverencia. Los nombres antiguos todavía resonaban en los bautismos secretos. La estepa, silenciosa y orgullosa, guardaba su espiritualidad como se guarda un fuego bajo las cenizas.

Hoy, al retomar estas raíces, no se trata de un retorno arqueológico, sino de un reencuentro con algo que nunca dejó de estar presente. El tengriismo vuelve a florecer no como exotismo o reconstrucción folclórica, sino como expresión auténtica de un alma colectiva que resistió a los siglos. Emerge con la fuerza de una memoria viva, que no necesita ser reinventada, solo recordada.

Las raíces antiguas del tengriismo están, por lo tanto, no solo en las estepas o en las ruinas de las inscripciones de Orkhon. Están en la lengua que se habla, en los gestos que se repiten sin saber por qué, en las nostalgias inexplicables de un tiempo donde el cielo era el techo de todos y el viento era consejero. Están en los ojos de los que, ante la vastedad, comprenden que hay algo mayor observando, guiando, esperando.

A cada paso dado en este suelo sagrado, a cada respiración bajo el cielo azul profundo, esas raíces se renuevan. No crecen hacia abajo, sino hacia adentro. No sostienen árboles, sino consciencias. Y en tiempos donde tantos se preguntan quiénes son, de dónde vienen y a dónde van, el tengriismo ofrece una respuesta que no viene en frases hechas, sino en presencias silenciosas: eres parte del todo. Viniste del cielo y de la tierra. Y el camino de regreso está bajo tus pies, escrito en el viento, tatuado en las nubes.

Esta fuerza subterránea, que nunca necesitó muros ni jerarquías para existir, hoy resurge no como residuo de un pasado distante, sino como faro para un presente en busca de sentido. A diferencia de las religiones que prometen mundos futuros, el tengriismo habla de un ahora sagrado — de una eternidad que pulsa en el instante, de una armonía que no necesita ser conquistada, sino reconocida. No impone caminos, solo enciende una percepción: la de que el ser humano es parte de una corriente ancestral que canta en cada piedra, en cada animal, en cada soplo de aire.

El retorno a esta percepción no es abandono del mundo moderno, sino su reintegración con lo invisible que lo sustenta. En las comunidades donde este saber permanece vivo, aunque fragmentado, se puede percibir un sentido de pertenencia que trasciende el tiempo. No es solo orgullo étnico o búsqueda de identidad; es memoria instintiva, como si las almas llevaran en su silencio la cadencia de antiguos tambores.

Los jóvenes que hoy escuchan las enseñanzas de los más viejos, que vuelven a los valles para encender hogueras y celebrar los solsticios, no están solo reviviendo rituales — están continuando una conversación iniciada hace milenios entre el cielo y la tierra. Están respondiendo a la llamada de algo que jamás los dejó, solo aguardaba ser recordado.

    Y así, al compás lento de la memoria despierta, las raíces se afirman, no para atrapar, sino para anclar. No limitan, sino que ofrecen dirección. Son raíces que nutren un modo de ser en el mundo donde lo sagrado no se encuentra en un altar distante, sino en el gesto de quien respeta el ciclo de la vida. Al retomar este camino ancestral, no se vuelve solo a las prácticas de los antiguos, sino a la escucha profunda de lo que todavía vive en ellos — y en nosotros. Pues incluso bajo la piel del presente, el espíritu de las estepas todavía camina, todavía canta, todavía sueña.

Capítulo 3
Alma Nómada

El alma de los pueblos nómadas no se deja capturar por palabras simples. No se fija en definiciones; escapa como el viento por las rendijas de una tienda, camina junto con el ganado por las estepas, duerme bajo el cielo estrellado y despierta con el primer canto de los pájaros. Esa alma nómada es, ante todo, libre – y en el corazón de esa libertad pulsa una espiritualidad sin paredes, sin dogmas, sin fronteras: el tengriismo.

Entre los mongoles y turcos de Asia Central, la religión no era un compartimento aislado de la vida, como un templo al que se va en horarios marcados. Era un estado constante de consciencia. Todo estaba inmerso en lo sagrado: el alimento cosechado con esfuerzo, el fuego que calentaba, el caballo que conducía, el silencio de la llanura al anochecer. Cada elemento de lo cotidiano era una extensión del alma, y el alma era parte indisociable del mundo. Vivir significaba coexistir con fuerzas mayores, pero nunca someterse ciegamente – era un diálogo con la naturaleza, con los espíritus, con el propio cielo.

La organización tribal reflejaba esta visión. No había jerarquías eclesiásticas, ni castas espirituales. El chamán era un mediador, no un dominador. El anciano era un sabio, no un legislador. La autoridad no nacía de la imposición, sino de la escucha, de la experiencia y del respeto mutuo. El concepto de hospitalidad, por ejemplo, trascendía la mera cortesía: recibir a alguien en casa era reconocer que todos pertenecen a la misma familia espiritual, todos son hijos del Cielo y de la Tierra, todos merecen abrigo, comida y palabras verdaderas.

Esta vivencia religiosa se encarnaba en los movimientos estacionales. Con cada estación, surgía una nueva configuración espiritual. En verano, los campos verdes eran señal de bendiciones de Tengri; en invierno, la nieve caía como velo protector sobre los seres vivos. El pastoreo, actividad esencial, no era solo medio de subsistencia, sino también rito. Escoger los lugares de campamento implicaba la observación del comportamiento de los animales, de las formaciones de las nubes, de las estrellas visibles. El tiempo era circular – no había comienzo ni fin, solo renovación eterna, en consonancia con la rueda del cielo.

El cielo abierto sobre las llanuras imprimía en los nómadas un sentido innato de reverencia. Era imposible mirar la vastedad y no sentir algo resonando dentro del pecho – una llamada, una memoria, un sentimiento de pertenencia mayor. Ese cielo no era un lugar distante, sino una presencia. Tengri, el Cielo Azul, era el guardián silencioso, el juez incorruptible, el padre invisible que observaba sin castigar, pero también sin ser engañado.

Cada decisión – una migración, un combate, una cosecha – necesitaba estar en sintonía con los presagios del cielo, con los consejos de los espíritus, con la sabiduría de los chamanes. No por casualidad, cada montaña, cada lago, cada bandada de pájaros cargaba un significado espiritual. Los ríos eran venas de la Madre Tierra; los vientos, susurros del Padre Cielo. Abatir un animal exigía un ritual de permiso; cortar un árbol, una plegaria de agradecimiento. El mundo no era un recurso, sino un pariente. Y el respeto no era impuesto – era intuitivo. Aquel que vivía en la estepa sabía que la arrogancia era castigada no por dioses coléricos, sino por la propia naturaleza: una nevada fuera de tiempo, una sequía prolongada, un rebaño enfermo. El equilibrio era la única ley, y el desequilibrio, la única transgresión.

Esta manera de vivir y creer creó un código moral silencioso, pero profundamente eficaz. El valiente era respetado, pero el arrogante era evitado. El generoso era honrado, pero el avaro era olvidado. El cuidadoso con la tierra era admirado; el destructor, maldecido. Ese ethos nómada no se enseñaba con libros, sino con ejemplos. Los niños aprendían observando: cómo el padre montaba el caballo, cómo la madre cuidaba del fuego, cómo los más viejos conversaban con el viento.

Dentro de las tiendas de fieltro, llamadas yurtas o gers, el fuego central representaba más que calor: era el corazón del hogar, la conexión con los antepasados, el punto de unión entre los mundos. Encender el fuego era un acto ritual. Hablar alto delante de él era considerado una falta de respeto. Derramar agua sobre las llamas, una ofensa grave. El fuego era masculino y femenino, terrenal y celeste, purificador y comunicador. Alrededor de él, las familias se reunían para compartir historias, curas, canciones – y, así, la espiritualidad era transmitida, como brasa que pasa de una madera a otra sin apagarse.

Esta fusión entre vida y creencia es quizás el rasgo más distintivo del tengriismo. No se trataba de una religión que pedía fe ciega, sino de una vivencia que exigía presencia. El cielo estaba allí, todos los días, cambiando de color, anunciando cambios, respondiendo sin palabras. El alma nómada sabía escuchar. Y porque sabía escuchar, sabía vivir.

Cuando los chamanes entraban en trance, danzando al son del tambor, no se aislaban en templos; lo hacían delante del clan, bajo el cielo abierto, con el viento como testigo. La comunidad acompañaba, no como espectadores, sino como participantes. Cada golpe del tambor era como el pulsar de la tierra, cada cántico, un hilo lanzado entre los mundos. Los presagios recibidos allí guiaban decisiones que podían cambiar el destino de todos.

La movilidad constante de los nómadas no los alejaba de la espiritualidad – al contrario, era ella la que permitía que la fe siguiera viva y pulsante. No había cómo olvidar lo sagrado cuando se caminaba sobre él, cuando se dormía envuelto en él, cuando se dependía de él para cada nuevo día. El camino era templo. El horizonte era altar. Y el propio viaje era oración.

Hoy, en las ciudades construidas sobre las antiguas rutas de las caravanas, muchos sienten una nostalgia indefinida. Es el eco del alma nómada, todavía vibrando bajo el asfalto, todavía susurrando entre los postes y las antenas. Esa alma no murió. Solo silenció.

Pero bastan algunos días al aire libre, algunos momentos de silencio ante el cielo, y ella despierta. Recuerda. Reconoce. Y reencuentra, en lo más íntimo del ser, la senda de regreso al gran campo azul donde todo comenzó.

Este reencuentro no exige la reconstrucción literal de un estilo de vida, sino que invita a un retorno interior, a una escucha atenta de aquello que la modernidad intentó acallar: el instinto, la comunión, la humildad ante lo desconocido. En medio de la agitación de los días ajetreados, el alma nómada todavía puede vivir – no necesariamente recorriendo estepas infinitas, sino rescatando la fluidez, la ligereza y la atención que guiaban a los antiguos. Se trata de moverse con sentido, de no fijarse en certezas rígidas, de aceptar el ciclo como maestro y el cielo como espejo. Es posible ser nómada sin salir del lugar, cuando se lleva dentro de sí el respeto por las fuerzas que sustentan el mundo.

La sabiduría de estos pueblos permanece no como una pieza de museo, sino como una invitación siempre actual a vivir con entereza. El fuego puede ser simbólico, pero su calor es real: está en la escucha entre generaciones, en el compartir sincero, en el cuidado con aquello que alimenta y calienta. Hay, en cada persona, la posibilidad de reavivar ese centro invisible, de reconstruir el hogar donde la espiritualidad y lo cotidiano se tocan.

Lo que los nómadas enseñaron con sus pasos es que la fe no se lleva en libros, sino en gestos. Que la sacralidad no necesita ornamentos, solo presencia. Y quizás sea ese el mayor legado del alma nómada: la certeza de que el camino importa más que el destino. De que la vida no necesita ser dominada, solo comprendida en su danza eterna de cambios y permanencias. El cielo continúa donde siempre estuvo, y el viento, todavía hoy, canta nombres antiguos en los oídos atentos. Nos corresponde a nosotros decidir si queremos solo sobrevivir entre muros, o vivir plenamente bajo el mismo firmamento que guió los pasos de los que vinieron antes.

Capítulo 4
Dios del Cielo

Tengri. Ningún otro nombre pronunciado entre los pueblos nómadas de Asia Central evocaba tamaño silencio reverente. Y no porque hubiera temor, sino porque había reconocimiento. Tengri no era un dios distante al que temer; tampoco era una entidad humanizada que exigía servidumbre. Él era el Cielo en sí – azul, vasto, infinito, sereno. Un poder que se imponía no por la fuerza, sino por la presencia.

A diferencia de las divinidades esculpidas en templos, Tengri nunca fue representado por manos humanas. No cabía en formas, no residía en imágenes, no se dejaba reducir a símbolos. Su morada era el propio firmamento. Su altar, la bóveda celeste. Su lenguaje, el silencio cósmico.

La palabra "Tengri", en las lenguas turco-mongolas, lleva en sí una dualidad: designa al mismo tiempo el cielo físico y la consciencia suprema que lo habita. No hay separación entre materia y espíritu. El cielo azul que se extiende sobre las estepas no es solo una capa atmosférica – es espíritu, consciencia, divinidad. Llamarlo "Padre Cielo" no es metáfora; es constatación espiritual. Y en este Padre no se proyectan los traumas o expectativas humanas. No castiga con ira, no recompensa con favoritismo. Él observa, mantiene el orden, sustenta el ciclo eterno de la vida y de la muerte.

Kök Tengri – el "Cielo Azul" – era visto como el más elevado de los poderes. Pero incluso esta palabra "poder" necesita ser manejada con cuidado. Tengri no dominaba; él permeaba. Su supremacía no se basaba en coerción, sino en armonía. El orden cósmico, llamado törü entre los antiguos túrquicos, era la expresión del equilibrio querido por Tengri. Romper ese orden – mentir, actuar con codicia, faltar el respeto a la naturaleza – era ir contra el Cielo. Y no había necesidad de intermediarios para saberlo: bastaba mirar hacia adentro, y mirar hacia arriba.

En las antiguas tradiciones imperiales, los kanes recibían su autoridad directamente de Tengri. El gobernante ideal no era el más fuerte, ni el más astuto – era aquel que mejor reflejaba la voluntad del Cielo. Este concepto, profundamente arraigado, hizo del poder político una extensión del orden espiritual. El kan no era solo jefe militar; era el vínculo entre el pueblo y el Cielo. Sus actos necesitaban estar alineados con la justicia cósmica. Si había sequía, peste o derrota en guerra, se entendía que el gobernante había perdido el favor de Tengri. Era, por lo tanto, tiempo de cambio.

Esta legitimidad celeste era confirmada por rituales, visiones y oráculos. El chamán, en trance, podía escuchar la llamada del Cielo e identificar al elegido. No era raro que un líder surgiera de los menos esperados – no por herencia, sino por mérito espiritual. Gengis Kan, por ejemplo, afirmó haber recibido su destino directamente de Tengri. Su victoria no era solo conquista humana, sino expresión de un designio superior. Y esta creencia no servía de propaganda – era vivida como realidad. Cuando los guerreros cabalgaban bajo el cielo azul, no lo hacían solo con armas; llevaban consigo la bendición invisible del Cielo Eterno.

Bajo Tengri, existían otras divinidades y espíritus. Pero ninguno de ellos rivalizaba con su supremacía. Eran manifestaciones menores – a veces fuerzas de la naturaleza, a veces ancestros divinizados, a veces entidades tutelares. Pero siempre subordinados al Cielo Azul. La estructura espiritual del tengriismo, aunque flexible, reconocía una jerarquía clara: Tengri por encima de todo, luego las potencias celestes, los espíritus de la tierra, y por último, los seres humanos. Pero incluso los humanos, con toda su fragilidad, podían acceder a la sabiduría del Cielo – bastaba estar en armonía con él.

Esta accesibilidad hacía a Tengri al mismo tiempo trascendente e íntimo. No necesitaba iglesias, ni dogmas, ni sacerdotes. Bastaba alzar los ojos. Bastaba escuchar el viento. Bastaba sentir la justicia en las propias acciones. Era posible hablar con Tengri desde lo alto de una montaña o frente a una hoguera doméstica. Era posible pedir protección al atravesar una tormenta o agradecer por un parto exitoso. Tengri estaba siempre presente, pero jamás invasivo.

El lenguaje usado para referirse a él revela mucho sobre esta relación. "Möngke Tengri", el Cielo Eterno, era llamado para atestiguar juramentos solemnes. Cuando alguien mentía en su nombre, se decía que el propio cielo se volvería contra esa persona – y los vientos, la sequía, la enfermedad, vendrían como represalia impersonal. No por venganza, sino como restauración del orden. Era la expresión de la justicia natural, no de la cólera de un dios herido.

Los rituales dedicados a Tengri no implicaban dogmas ni liturgias fijas. Eran actos de conexión. Sacrificar un caballo blanco – símbolo de pureza y nobleza – era una de las formas más profundas de reverencia. Este sacrificio, sin embargo, no se hacía a la ligera. Requería ceremonia, ayuno, pureza de intención. Y aun así, no era la sangre en sí lo que agradaba al Cielo, sino la sinceridad del gesto. En tiempos modernos, estos rituales fueron sustituidos por ofrendas simbólicas – leche, kumis, tabaco, piedras azules. La esencia continúa: reconocer el don de la vida, devolver parte al universo, mantener el flujo.

La ausencia de forma física atribuida a Tengri nunca fue señal de limitación, sino de trascendencia. Él era todas las formas y ninguna. Era el movimiento de los planetas, el silencio de la noche, la línea del horizonte. Compararlo con el concepto chino de Tian es válido hasta cierto punto – ambos representan el Cielo como principio ordenador – pero Tengri carga una cualidad única: es al mismo tiempo destino y camino. No una entidad que juzga después de la muerte, sino una presencia que orienta a cada instante de la vida.

La espiritualidad centrada en Tengri no crea separaciones entre cielo y tierra, entre sagrado y profano. Enseña que todo es manifestación del mismo principio. Que cada gesto cuenta. Que cada palabra dicha bajo el cielo es escuchada. Que cada acción conlleva consecuencias cósmicas. Así, vivir en consonancia con Tengri es más que una creencia – es una ética. Una manera de estar en el mundo con respeto, con dignidad, con consciencia.

En los días actuales, en que muchas veces se busca lo divino en palabras rebuscadas o instituciones complicadas, la llamada de Tengri suena con una simplicidad cortante. Mira el cielo. Respira hondo. Actúa con verdad. Agradece. Protege. La sabiduría del Cielo Eterno no necesita ser descifrada – necesita ser vivida.

Esta vivencia, anclada en la simplicidad y la entereza, invita no a la contemplación pasiva, sino a un compromiso profundo con la vida tal como es. Tengri no exige renuncia, sino presencia. No demanda fe ciega, sino coherencia entre lo que se piensa, lo que se siente y lo que se hace. En un mundo saturado por imágenes, discursos y promesas, su fuerza radica precisamente en no ser visible — sino sensible. Él no aparece, pero se revela. Y se revela en gestos mínimos: en la manera como tratamos a los animales, como pisamos la tierra, como miramos a los ojos de los otros. Cada instante puede ser un altar, si es habitado con consciencia.

El retorno a esta espiritualidad del Cielo no significa rechazar las conquistas del presente, sino reencantar la mirada. Es posible vivir entre máquinas y memorias, entre tecnología y tradición, y aun así mantener viva la escucha de lo invisible. Tengri no desapareció con el avance de las ciudades — solo se calló ante el ruido. Pero basta un momento de silencio verdadero para que él se haga sentir nuevamente. Y cuando eso sucede, no es una revelación estruendosa, sino un asentamiento interno. Como si algo dentro del pecho, hace mucho desalineado, finalmente encontrara su eje. Su dirección.

Pues el Cielo continúa donde siempre estuvo — vasto, azul, infinito. Y su mensaje permanece claro, aunque muchos hayan olvidado cómo escucharlo. Vivir bajo Tengri es recordar que cada vida es parte de un orden mayor. Es asumir la responsabilidad sagrada por cada elección, cada palabra, cada silencio. Y al hacer esto, no se está solo reverenciando a un dios ancestral, sino reaproximándose a una verdad esencial: la de que somos, todos, hijos del Cielo y de la Tierra — y que caminar entre ambos, con dignidad, es todo lo que el Cielo espera de nosotros.

Capítulo 5
Madre Tierra

Si el cielo es el padre eterno que observa en silencio desde lo alto, la tierra es la madre viva que acoge con brazos fértiles cada paso, cada semilla, cada suspiro. En el corazón de la espiritualidad tengriista, esta dualidad no es oposición – es unión. El ser humano no nace del azar o de procesos impersonales: brota de la unión sagrada entre el Cielo Azul y la Tierra Negra. Un matrimonio cósmico que no solo da origen a la vida, sino que sustenta el equilibrio de todo lo que existe.

Etugen, la Madre Tierra, es la diosa cuya presencia pulsa en cada colina, en cada bosque, en cada fosa donde reposan los muertos y donde germinan los granos. No es vista como una figura distante o abstracta. Es viva, tangible, presente. Su vientre es el suelo, su aliento son los vientos suaves, su sangre son los ríos. Para los pueblos nómadas de Asia Central, honrar a Etugen era tan esencial como reverenciar a Tengri. Si el cielo era invocado con los ojos alzados, la tierra era reverenciada con los pies descalzos y las manos sumergidas en el barro.

La tradición turco-mongola conserva otra figura femenina de inmenso poder: Umay, la protectora de la infancia y de la fertilidad. Mientras Etugen representa el útero cósmico, Umay vigila a los recién nacidos y vela por los partos. Es invocada por las madres, celebrada en cánticos suaves, reconocida en el calor de la hoguera y en la seguridad del regazo materno. Su nombre resuena en amuletos, bordados y bendiciones pasadas de generación en generación. Entre los chamanes, es vista como espíritu guía que protege a los niños hasta que crecen y pueden conectarse por sí mismos con el Cielo y la Tierra.

Estas figuras femeninas no son apéndices secundarios de un panteón dominado por lo masculino. Son centrales, vitales, indispensables. En el tengriismo, la complementariedad entre masculino y femenino no es una construcción teórica – es una realidad viva. Cielo y Tierra no compiten, coexisten. Padre Cielo proporciona el espíritu, Madre Tierra da el cuerpo. La vida nace de la unión de ambos. Y por eso, el respeto a la tierra no es solo una cuestión de ecología – es una reverencia filial, un reconocimiento de que pisamos sobre la carne de la propia diosa que nos engendró.

En tiempos de siembra, los nómadas cantaban himnos de gratitud a la Tierra. Cuando un pastizal daba frutos más allá de lo esperado, se consideraba que Etugen estaba satisfecha. Pero si había sequía, si la tierra se secaba, se comprendía que algo se había roto: quizás un espíritu local estuviera ofendido, quizás una ofrenda hubiera sido olvidada. Corregir esto era más que un rito – era un deber moral. Se derramaba leche fresca sobre la tierra. Se enterraban granos dorados como ofrenda. Se encendía incienso de enebro en los campos. Cada gesto cargaba intención: pedir perdón, renovar el lazo, restaurar la armonía.

Para el nómada, la tierra no era propiedad. Era pariente. Más que eso: era madre. Y con una madre no se negocia, no se explota, no se domina. Con una madre, se convive. Se comparte. Se cuida. Esta visión impregna todo el modo de vida nómada: no se construyen ciudades, pues clavar cimientos es como clavar estacas en el cuerpo de la madre. Se mueve de estación en estación, permitiendo que los campos respiren, que la naturaleza se recomponga. Esta movilidad no es solo pragmática – es espiritual. Es la manera de no sobrecargar a la madre con las exigencias humanas.

Las montañas, particularmente, eran vistas como senos de la Madre Tierra. De ella brotaban aguas puras, vida, refugio. Los clanes frecuentemente elegían una montaña tutelar – no solo como punto de orientación, sino como entidad viva que protegía e inspiraba. Escalar la montaña en ciertos momentos del año era una peregrinación. Al alcanzar la cima, los devotos dejaban ofrendas, cantaban, conversaban con los espíritus locales. No se trataba de superstición, sino de una experiencia de conexión directa. Se sentía la pulsación de la Tierra. Se oía su voz, aunque en silencio.

En rituales de matrimonio, los chamanes frecuentemente llamaban a Cielo y Tierra como testigos. La unión de dos personas era espejo de la unión cósmica que originó el mundo. El hogar construido a partir de ese matrimonio era visto como microcosmos del orden universal. El fuego encendido en la tienda era el corazón de la Tierra alimentado por el soplo del Cielo. Y por eso, cualquier acto de falta de respeto dentro de casa – violencia, mentira, egoísmo – era interpretado como una ruptura de la armonía cósmica. Se castigaba no con penas externas, sino con desorden interno: infertilidad, enfermedad, desgracia.

La percepción sagrada de la tierra imponía también límites claros a la acción humana. Cazar solo lo necesario. Nunca matar hembras preñadas. Recolectar plantas con cuidado, agradeciendo al espíritu de la planta. No contaminar ríos, ni derramar sangre en lugares sagrados. Cada acción tenía peso. Cada gesto podía fortalecer o debilitar la relación con la Madre. Por eso, entre los pueblos más antiguos, había historias que enseñaban estos valores a través de mitos: el cazador que mató en exceso y fue devorado por lobos, el hombre que ofendió a la montaña y perdió a sus hijos, la mujer que no honró a Umay y tuvo sus sueños robados.

En el mundo contemporáneo, estas narrativas pueden parecer simbólicas, pero para los nómadas eran vividas con literalidad. La Tierra estaba viva. Tenía humor, tenía ciclos, tenía justicia. Cuando feliz, ofrecía todo. Cuando ofendida, retiraba su sustento. Y eso no era castigo – era solo respuesta.

Esta visión produjo sociedades altamente sostenibles. Vivían con poco, pero vivían con abundancia interior. Sabían qué cosechar, qué dejar. Respetaban las señales, no forzaban los tiempos. ¿Había hambre? Se aprendía a esperar. ¿Había frío? Se agradecía por el abrigo de la madre. Cada desafío natural era una lección, no una guerra. Porque guerrear contra la tierra es guerrear contra uno mismo. Y el tengriismo siempre lo supo.

En el presente, esta sabiduría ancestral comienza a despertar nuevamente. Cuando el suelo clama por socorro, cuando el agua escasea, cuando las ciudades se sofocan en concreto, los herederos de la Madre Tierra recuerdan que hay un camino antiguo, probado, eficaz: el camino de la reverencia. No de la explotación. No del consumo. Sino del cuidado amoroso, del respeto profundo, de la gratitud silenciosa.

Rescatar a Etugen no es retornar al pasado, sino recuperar el vínculo perdido entre humanidad y naturaleza. Es reconocer que no somos dueños de nada, solo pasajeros en el vientre generoso de una diosa que, incluso herida, todavía espera reconciliación. La Madre Tierra aún respira bajo nuestros pies. Aún canta a través de los vientos. Aún llora por los bosques quemados. Pero también sonríe cuando la tratamos con cariño.

En tiempos de urgencia ecológica y alienación creciente, la espiritualidad encarnada en la figura de Etugen ofrece más que una alternativa religiosa: ofrece un paradigma. Un modo de ver y vivir que recoloca al humano en su real dimensión — no como centro del mundo, sino como parte de una red viva, ancestral y sagrada. Este paradigma no se impone por dogmas, sino que florece a partir del reconocimiento de que la vida, en todas sus formas, es expresión de la misma madre.

La reverencia a la Tierra no es un ideal abstracto: es una práctica cotidiana, un modo de actuar que comienza en los pequeños gestos y se extiende hasta las grandes elecciones. Volver los ojos a la Madre Tierra es, por lo tanto, reaprender a escuchar. Escuchar las señales del cuerpo, los ritmos de las estaciones, el silencio de las montañas. Es percibir que caminar sobre el suelo no es acto banal, sino reencuentro con un vientre antiguo que aún pulsa bajo nuestros pies. Es posible vivir en las ciudades y aún honrar a Etugen — bastando cultivar el respeto, la escucha y el cuidado. No se trata de nostalgia, sino de reconexión. Pues aquello que fue vivido con sabiduría por los pueblos nómadas no pertenece solo al pasado: pertenece a cualquier tiempo en que el ser humano desee vivir en armonía con aquello que lo sustenta.

    La Madre Tierra no exige alabanzas, sino consciencia. Su clamor es simple, su lenguaje claro: cuidar para continuar. Escuchar para permanecer. Agradecer para pertenecer. Cuando comprendemos esto, la espiritualidad deja de ser búsqueda de respuestas y se convierte en práctica de presencia. Etugen nos enseña que el suelo que pisamos es también el suelo que seremos, y que el respeto a la Tierra es, en última instancia, respeto a nuestro propio origen. Porque vivir con ella, y no contra ella, es el primer paso de cualquier camino que pretenda llevar, de hecho, a la sabiduría.

Capítulo 6
Espíritus de la Naturaleza

El paisaje que se extiende sin fin bajo el cielo azul no es silencioso. Aunque a los oídos modernos parezca vacío, está repleto de voces. Voces que no hablan en idiomas humanos, sino en brisas, movimientos, presencias. En el corazón del tengriismo, esta comprensión es viva: el mundo natural no es solo escenario. Es habitado, consciente, lleno de intenciones. Cada piedra, cada río, cada árbol guarda un espíritu. Esos espíritus de la naturaleza, llamados iye, no son conceptos simbólicos ni seres folclóricos – son entidades reales, sensibles, con voluntad propia, con quienes el ser humano necesita convivir respetuosamente.

Para los pueblos túrquicos y mongoles, la naturaleza era un gran cuerpo vivo. Cada elemento – agua, fuego, tierra, aire – estaba animado por una fuerza invisible. Los iye eran los guardianes de estos elementos. Un lago no era solo un espejo de agua: era morada de una consciencia. Una montaña no era solo elevación geográfica: era el trono de un espíritu ancestral. Y así como se debe respeto a un anciano o a un huésped, también se debe respeto a estos seres invisibles. Porque, aunque no se dejen ver, ellos observan. Y responden.

Cada tribu nómada conocía los iye de su región. Había ríos que no podían ser cruzados sin plegaria. Árboles que no podían ser cortados sin ofrenda. Rocas que no podían ser movidas sin permiso. A veces, un manantial era llamado "abuela del clan". A veces, una piedra solitaria en medio de la estepa era considerada centinela espiritual. Esos lugares se convertían en puntos de encuentro entre lo visible y lo invisible. Eran altares sin muros, templos sin puertas.

Los chamanes conocían los nombres de estos espíritus. Sabían invocarlos, calmarlos, ofrecerles aquello que les gustaba: leche, grasa, tabaco, cantos, silencio. Cuando un clan llegaba a un nuevo pastizal, era deber del chamán presentarse a los iye del lugar, declarar intenciones pacíficas, pedir permiso. Y cuando algo iba mal – una enfermedad súbita, un accidente extraño, un presentimiento inquietante – se decía que un espíritu local había sido ofendido. El remedio no era solo físico: era preciso restaurar el vínculo.

Estos ritos no obedecían a fórmulas universales. Eran íntimos, locales, transmitidos por linaje oral. Algunos espíritus exigían silencio absoluto. Otros gustaban de la música. Algunos se revelaban en sueños. Otros en comportamientos de animales. Un lobo que aúlla de forma diferente. Un pájaro que vuela contra el viento. Un perro que se niega a entrar en determinada área. Todo eso era leído como mensaje. Porque los iye no hablan por voz, sino por señales.

Entre las criaturas vivas, ciertos animales eran considerados manifestaciones especiales de estos espíritus. El lobo, por ejemplo, era visto como guía ancestral. El caballo, como mensajero entre mundos. El águila, como ojo de Tengri. Había clanes enteros que adoptaban un animal como tótem espiritual – no por idolatría, sino por afinidad espiritual. Se creía que los espíritus de los animales totémicos protegían a sus descendientes humanos, los guiaban en batallas, aparecían en sueños para advertir o aconsejar. Y eso no era alegoría: era vivido como realidad.

Abatir un animal, por lo tanto, no era una acción banal. Era necesario realizar un ritual de agradecimiento. Pedir disculpas al espíritu del animal, prometer que nada sería desperdiciado, cantar un canto de honor. Era común que el cazador colocara un puñado de hierba en la boca del animal muerto – como alimento para su alma en su viaje espiritual. Los huesos eran tratados con respeto, muchas veces devueltos a la tierra o guardados en lugares sagrados. Porque el animal muerto no era "cosa"; era ser. Y el espíritu todavía estaba atento.

De la misma forma, los árboles antiguos eran tratados como sabios silenciosos. Derribar un árbol sin razón era una transgresión grave. Plantar un árbol, un acto meritorio. Entre los mongoles y buriatos, ciertos bosques eran llamados "bosques del alma" – lugares donde las presencias eran tan densas que el simple hecho de entrar allí exigía reverencia. Nadie gritaba. Nadie cazaba. Solo se caminaba en silencio, sintiéndose observado, y quién sabe, bendecido.

Las tormentas, los terremotos, las heladas – nada de eso era atribuido al azar. Eran manifestaciones de los iye irritados o agitados. Cuando los relámpagos cortaban el cielo en zigzags amenazadores, se decía que los espíritus estaban en disputa. Cuando el viento soplaba al contrario de la estación, era porque algo necesitaba ser corregido en el comportamiento de los hombres. Se llamaba al chamán. Se hacían las ofrendas. El clan se recogía en oración. Y el orden, casi siempre, era restaurado.

La relación con los espíritus de la naturaleza también moldeaba la moral. Contaminar un río era una ofensa no solo ambiental, sino espiritual. Gritar cerca de un manantial era visto como falta de respeto. Orinar o escupir en lugares sagrados, una profanación. Incluso el acto de defecar exigía que se escogiera un lugar distante, con respeto al espíritu de la tierra. Y, en las ceremonias mayores, los alimentos ofrecidos eran preparados con cuidado extremo, pues alimentaban no solo a los vivos, sino a los invisibles.

En las narrativas antiguas, hay historias de iye que salvaron tribus enteras – alertando sobre peligros, ofreciendo abrigo en cuevas, enseñando caminos seguros durante migraciones. Hay también relatos de iye que castigaron sin piedad a los arrogantes – secando fuentes, matando ganado, llevando a la locura. Pero en todos los casos, el hilo conductor es claro: respeto trae bendiciones, falta de respeto trae desgracia. Los espíritus no son ni buenos ni malos – son justos. Y atentos.

Hoy, en medio del concreto y el ruido, muchos han perdido esta sensibilidad. La naturaleza ha sido reducida a recurso, los animales a productos, los bosques a estadísticas. Pero en ciertos corazones, la memoria resurge. Alguien que siente un escalofrío al entrar en un bosque. Alguien que sueña repetidamente con el mismo animal. Alguien que, sin saber por qué, decide plantar un árbol y cantarle. En estas pequeñas reconexiones, la llamada de los iye aún vive.

El tengriismo, con su sabiduría ancestral, ofrece un camino de reencuentro. No exige creencia ciega, sino apertura de percepción. Invita a escuchar la tierra, a observar el cielo, a dialogar con el viento. Enseña que no estamos solos, ni que el mundo nos sirve. Estamos entrelazados en una red invisible, donde cada espíritu tiene su lugar, su función, su voz.

La convivencia con los espíritus de la naturaleza, como propone el tengriismo, no se da solo en el plano de la adoración o de la cautela. Moldea una ética que trasciende la moral convencional, pues presupone una escucha activa del mundo alrededor, una atención plena a las señales sutiles que permean lo cotidiano. El gesto de ofrecer leche a la tierra o el silencio respetuoso ante un árbol centenario no son prácticas obsoletas o folclóricas: son expresiones de una sensibilidad que reconoce lo sagrado en todo lo que existe. En esta cosmovisión, la espiritualidad no es un dominio separado de la vida, sino su propio tejido, entrelazando lo humano a lo no-humano en vínculos de reciprocidad.

Este modo de ver transforma la propia idea de existencia. No se trata solo de vivir en el mundo, sino de vivir *con* el mundo. Las fronteras entre lo visible y lo invisible se vuelven porosas, y la realidad gana densidad simbólica. Un animal que cruza el camino, una piedra que llama la atención, el soplo repentino de un viento – todo puede cargar un mensaje, todo puede ser vehículo de presencia. La vida, entonces, es un constante diálogo con los espíritus, y la atención se convierte en una forma de oración.

Es en este campo fértil de la escucha y la reverencia donde brota una espiritualidad que no separa, sino une; que no impone, sino invita. Así, la llamada de los iye aún resuena, incluso en los tiempos de acero y vidrio. Persisten en sueños que nos inquietan, en paisajes que nos conmueven sin motivo aparente, en gestos pequeños que cargan una intuición antigua. Reconectarse con estos espíritus no exige retorno al pasado, sino un retorno a lo sensible – un reaprender a estar en el mundo con humildad y presencia. Porque para quien escucha con el corazón abierto, la naturaleza nunca dejó de hablar.

Capítulo 7
Culto Ancestral

Entre los nómadas de la estepa, la muerte nunca fue ausencia. No cerraba un ciclo; lo transformaba. El soplo que dejaba el cuerpo no se disolvía en la nada, sino que permanecía vivo, sensible, atento. Los muertos no iban a un más allá distante, sino a una morada paralela – invisible, pero accesible. Y los vivos, en su sabiduría milenaria, sabían que ignorar a los muertos sería romper la línea que sustentaba la continuidad del mundo.

En el corazón del tengriismo, honrar a los ancestros no era un gesto de nostalgia. Era un pacto de lealtad. Era mantener el vínculo intacto entre lo que fue, lo que es y lo que aún vendrá. Se llamaba arug al espíritu de los grandes líderes, guerreros y chamanes que, tras la muerte, no se apagaban, sino que ascendían a una posición de protección espiritual sobre su clan. Esos espíritus-señores se convertían en consejeros silenciosos, guardianes invisibles. Antes de batallas, migraciones o decisiones importantes, los nómadas los invocaban, buscando señales y bendiciones. Eran como raíces profundas que sustentaban el árbol de la comunidad – no vistas, pero esenciales.

Debajo de los arug, estaban los protectores espirituales más próximos, muchas veces antiguos chamanes o sabias del clan que habían dominado las artes del espíritu en vida y, por eso, continuaban intercediendo después de la muerte. Entre los mongoles, se llamaban ongod. A estos seres se les llamaba durante rituales específicos, y muchas veces se manifestaban a través del cuerpo de los chamanes vivos, prestándoles fuerza, voz y visión. El chamán no solo representaba al ancestro – era temporalmente poseído por él. Esta fusión temporal no era vista con miedo, sino con reverencia. La comunidad se reunía alrededor del tambor, del fuego, del humo de enebro, y allí, en la danza del chamán, reconocía el movimiento de la ancestralidad.

Y más abajo, pero no menos importantes, estaban los antepasados comunes: padres, abuelos, bisabuelos – aquellos cuya memoria estaba viva en el seno familiar, aunque sus acciones no hubieran resonado en hazañas épicas. Estos ancestros formaban una red íntima de protección. Sus espíritus se ligaban a lugares específicos: un monte donde solían acampar, un río donde pescaban, un árbol donde reposaban. Esos lugares se volvían sagrados. Y siempre que una familia pasaba por allí, dejaba ofrendas, encendía una llama, decía palabras de gratitud. No para mantener una costumbre, sino para mantener una conversación.

Porque el culto ancestral en el tengriismo es exactamente eso: un diálogo. Los muertos escuchan, responden, enseñan. No hay separación rígida entre vivos y muertos – hay tránsito. Un nacimiento podía ser interpretado como el retorno de un alma familiar. Un sueño vívido podía contener una advertencia de un bisabuelo. Un niño que, sin haber aprendido nunca, hablaba palabras antiguas era considerado tocado por la memoria de los que vinieron antes. La ancestralidad no era estática – era activa, enmarañada en el presente.

Había, en cada hogar, pequeños altares domésticos. No eran exuberantes – una piedra especial, un cuenco de leche, un fragmento de hueso. Por la noche, sobre todo en épocas estacionales, la familia se reunía para alimentar el fuego y susurrar nombres. Esta nominación era un rito poderoso. Se decía que el espíritu solo vive mientras es recordado por su nombre. Por eso, nombres ancestrales eran transmitidos: un hijo podía llamarse como el abuelo. No por casualidad, sino por renovación. Porque el nombre carga energía, destino, presencia.

El fuego era el principal vínculo. La hoguera encendida en el centro de la tienda era más que calefacción: era el eje espiritual del linaje. Jamás se dejaba apagar sin motivo. Nunca se escupía ni se señalaba hacia ella. Al encenderla, se hacía una plegaria. Al alimentarla con grasa o estiércol seco, se agradecía. Era ante la llama que se llamaba a los muertos. Y no era raro que el chamán, en estado alterado, dijera: "Él está aquí", refiriéndose a un ancestro querido. En ese momento, el tiempo se detenía. El pasado descendía. El presente se abría. La eternidad se manifestaba en el calor de la llama.

Incluso los grandes conquistadores – como Gengis Kan – fueron incorporados a esta red espiritual. Tras su muerte, el kan de kanes no se convirtió solo en figura histórica. Se convirtió en ongod. Protector del pueblo mongol, espíritu tutelar de clanes enteros. Se realizaban rituales en su memoria no como ceremonia oficial, sino como acto de devoción espiritual. Se dice que, en ciertas noches de luna nueva, todavía se pueden oír los tambores en Burkhan Khaldun – como si los pasos de Temujin aún resonaran, buscando recordar a los vivos su origen celeste.

La transmisión de esta devoción era oral, pero cargada de peso. Un padre contaba al hijo cómo su abuelo había cazado el oso sagrado. Una abuela enseñaba a la nieta las palabras correctas para saludar al espíritu del bisabuelo cuando encendiera el incienso. Cada generación era depositaria de una memoria viva. No memorizar era romper. Olvidar era traición. Por eso, se escuchaba a los más viejos con paciencia. Porque de ellos venía el puente.

Este culto también imponía una conducta. No bastaba rezar. Era preciso vivir de modo que honrara a los ancestros. Un acto vergonzoso manchaba a todo el linaje. Un gesto noble elevaba a todos. Los muertos eran jueces silenciosos – no vengativos, sino exigentes. Esperaban rectitud, coraje, generosidad. Esperaban que los vivos cuidaran de la tierra, de los animales, de los pactos tribales. Que no mintieran en vano. Que no deshonraran el nombre heredado.

En las fiestas estacionales, como el solsticio de verano, había ofrendas públicas a los ancestros. Grupos enteros se reunían, vistiendo trajes ceremoniales, llevando comida, leche, vodka. Se danzaba, se cantaba, se lloraba. Pero, sobre todo, se escuchaba. El tambor del chamán era el latido del corazón colectivo. El humo que subía era el hilo de retorno. Y allí, incluso entre los más jóvenes, brotaba el sentido profundo de pertenencia.

Hoy, en las ciudades modernas, el culto ancestral no desapareció – solo se escondió. Puede estar en la foto de la abuela sobre la estantería. En la comida hecha exactamente como le gustaba al bisabuelo. En el sueño recurrente con una tía fallecida. En el presentimiento de que algo necesita ser hecho "en honor" a alguien que partió. Esas son semillas de la antigua práctica – aún latentes, aún fecundas.

El renacimiento contemporáneo del tengriismo ha rescatado esta dimensión con fuerza. En aldeas de Siberia, en comunidades de Mongolia, en llanuras de Kazajistán, familias vuelven a encender hogueras ceremoniales. Retornan a las tumbas antiguas. Reconstruyen altares. Registran genealogías. Porque saben que sin raíz, no hay árbol. Y sin ancestralidad, no hay identidad.

Honrar a los antepasados es reconocer que el yo es solo un eslabón. Que cada gesto nuestro carga el peso y la esperanza de los que vinieron antes. Que nuestras victorias son conquistas colectivas. Y nuestras fallas, heridas que reverberan. Pero, sobre todo, es saber que nunca estamos solos. A cada paso, miles de espíritus caminan con nosotros. Silenciosos, sí. Invisibles, tal vez. Pero vivos – tan vivos como el viento que mueve las tiendas y las almas de la estepa.

Al comprender el culto ancestral bajo la mirada del tengriismo, se hace evidente que no se limita a un sistema de creencias: es una forma de vivir el tiempo, una arquitectura espiritual de la pertenencia. La continuidad entre vivos y muertos no es una metáfora poética, sino un pilar estructural de la existencia. El pasado no reposa atrás – pulsa por dentro, se manifiesta en las decisiones, en los afectos, en los gestos. La ancestralidad, en este contexto, no exige solo reverencia ceremonial, sino presencia ética: una escucha activa de la memoria y una responsabilidad real con lo que de ella heredamos.

La fuerza de este vínculo se revela principalmente en las encrucijadas de la vida. Cuando hay duda, miedo o cambio, el vínculo con los antepasados se convierte en brújula. No por superstición, sino porque allí reside un saber acumulado, una sabiduría que sobrepasa al individuo y se ancla en la experiencia colectiva. Invocar a un abuelo cazador antes de una travesía, repetir la canción de una abuela en tiempos difíciles, reconocer los errores de un antepasado como lecciones para no repetir – todo eso es actualización viva del linaje. Y en este gesto de retorno y escucha, se forma la noción de identidad no como algo inventado, sino recordado.

Esta memoria es, al fin, una forma de amor. Amar a quien vino antes es aceptar que somos parte de una corriente que no comenzó con nosotros y no terminará en nosotros. Es llevar los nombres con dignidad, encender las llamas con cuidado, andar con rectitud porque hay ojos antiguos observándonos, no para juzgarnos, sino para sostenernos. Así, el culto ancestral no es una nostalgia ritualizada – es una confianza profunda: la de que no caminamos solos, sino en compañía de una multitud invisible que, con cada soplo de viento y cada chasquido de brasa, susurra que seguimos en el rumbo correcto.

Capítulo 8
Tres Mundos

El alma nómada no caminaba solo por las estepas visibles. Sus pasos resonaban en múltiples capas de la realidad. En el corazón del tengriismo, la existencia se concibe como un gran árbol vivo, cuyas raíces se sumergen en el mundo subterráneo, el tronco sostiene la vida terrenal y las ramas se abren hacia el cielo infinito. Esta estructura no es alegoría: es percepción espiritual. Los antiguos nómadas de Asia Central no veían la realidad como algo plano, único, sino como un cosmos tripartito, donde cada mundo posee sus habitantes, sus leyes y su sacralidad.

Estos tres mundos – superior, medio e inferior – no están separados por distancia, sino por vibración, por nivel de consciencia, por función en el equilibrio del todo. El mundo del medio, donde viven los humanos, es solo la franja visible de este gran árbol cósmico. Arriba, se extiende el mundo celestial, dominio de Tengri y de las fuerzas elevadas. Abajo, reposa el mundo inferior, donde habitan espíritus sombríos, almas errantes y energías de transformación. El ser humano, al nacer en el mundo del medio, está exactamente entre estas dos fuerzas: una tensión vertical que lo impulsa tanto a la elevación como a la caída, a la luz y a la sombra, al cielo y a la tierra.

En la imaginación espiritual de los pueblos túrquicos y mongoles, esta cosmología tomaba forma concreta. Se imaginaba un Árbol del Mundo erigiéndose en el centro del universo. Este árbol no era símbolo abstracto, sino una presencia viva. Sus raíces atravesaban las entrañas del inframundo, su savia fluía por la realidad visible, y su copa alcanzaba las estrellas. Era llamado por varios nombres: Ulmo, Bodga Mod, Eje, dependiendo del grupo étnico. Pero su papel era siempre el mismo: eje del mundo, conexión entre los reinos, camino de los chamanes.

Los chamanes, únicos capaces de transitar conscientemente entre los mundos, conocían la geografía invisible de estos reinos. Durante sus rituales, al son del tambor y de las invocaciones, subían simbólicamente por las ramas del árbol o descendían por sus raíces. Cada nivel del mundo celestial estaba habitado por espíritus de luz, ancestros virtuosos, dioses del cielo. Estos niveles no eran homogéneos: se hablaba frecuentemente de siete cielos, o hasta nueve, cada uno con sus funciones y sus entidades. En el ápice del cielo más alto residiría Kayra, el creador original, o incluso el propio Tengri en su forma más pura e impersonal.

Ya el inframundo era descrito como un espejo invertido de la tierra. Poseía ríos oscuros, bosques fríos, cuevas sin luz. Allí habitaban los espíritus inquietos, los seres caóticos, comandados por Erlik Khan, el señor de las profundidades. El miedo al inframundo no era el miedo a la condenación moral, como en las teologías occidentales, sino el temor al desorden, a la disolución, al olvido. El alma que caía en el inframundo no era necesariamente mala, sino desequilibrada, confusa, cargada de peso no resuelto.

El mundo del medio, donde viven los hombres, era comprendido como espacio de mediación. Aquí, los tres mundos se encuentran. Y por eso, cada gesto humano tiene repercusión cósmica. El modo como se trata la tierra, el fuego, los animales, la palabra empeñada, todo afecta no solo la vida presente, sino también el mundo superior y el inferior. Un acto de bondad resuena en las esferas celestes; una ofensa espiritual puede abrir grietas para que fuerzas sombrías escapen del inframundo.

Esta visión vertical de la realidad no producía miedo, sino responsabilidad. El nómada que conocía la cosmología de los tres mundos sabía que vivía en una red de reciprocidad. No era centro del universo, sino un eslabón. Y su deber era mantener el equilibrio.

El tambor del chamán – con su superficie redonda y su borde marcado – muchas veces traía dibujos de los tres mundos: estrellas en lo alto, animales y ríos en el medio, serpientes en las raíces. Cuando el tambor sonaba, era como si el Árbol del Mundo vibrara. Y los mundos se abrieran.

Las casas nómadas, las yurtas, también simbolizaban esta estructura. La claraboya en el techo – el tóono – representaba la apertura hacia el cielo. El fuego central era el corazón del mundo del medio. El suelo bajo los pies, la conexión con el mundo inferior. Vivir en una yurta era, así, vivir en el interior de un microcosmos, en armonía con la estructura triple del universo. Por eso, los rituales realizados en la tienda asumían una fuerza especial: cada canto, cada humo, cada ofrenda, alcanzaba los tres planos simultáneamente.

La infancia, la madurez y la vejez también eran vistas a la luz de esta cosmología. El niño venía del mundo celeste – era alma recién llegada, todavía cargada de brillo. El adulto mediaba los mundos – enfrentaba los desafíos del medio. El anciano, por su parte, ya tocaba el mundo inferior o superior – próximo a retornar, portador de sabiduría. De la misma forma, los sueños no eran fantasías: eran viajes del alma sombra a los otros mundos. Un sueño de caída podía revelar desequilibrio; un sueño de ascensión, conexión con lo divino. Soñar con un río oscuro o un árbol seco era señal de que algo necesitaba ser curado antes de que el alma se fragmentara.

Entre los pueblos altai, buriatos, tuvinos y yakutos, la división de los mundos también informaba el calendario espiritual. Ciertos días eran propicios para subir – fechas ligadas al solsticio, a la luna llena, a la elevación de la energía. Otros días exigían recogimiento – tiempos en que los portales del inframundo se abrían. Los chamanes consultaban estos ciclos antes de realizar ritos de curación, de caza o de protección.

En algunos clanes, se creía que el alma podía perderse entre los mundos. En esos casos, se convocaba al chamán para rescatarla – un viaje que exigía coraje, pureza y profundo conocimiento del árbol cósmico. Este viaje, aunque simbólico, dejaba marcas reales. Un chamán que descendiera al inframundo por muchas noches podría enfermar. Se dice que algunos envejecían prematuramente, pues cada travesía desgastaba el cuerpo. Otros volvían con nuevos dones – visiones, clarividencia, curaciones espontáneas. La frontera entre los mundos era siempre peligrosa. Pero absolutamente necesaria.

En el centro de esta cosmovisión yace una lección clara: el universo es múltiple, dinámico, interconectado. No se puede herir la tierra sin herir el cielo. No se puede ignorar a los espíritus inferiores sin que ellos se manifiesten de forma desastrosa. No se puede vivir en el mundo del medio sin mirar hacia arriba y hacia abajo – porque vivir en el mundo del medio es caminar entre las tensiones, buscando equilibrio, humildad, escucha.

Hoy, esta sabiduría resuena con urgencia. El mundo moderno, al desconectarse del eje vertical de la existencia, se sumergió en desequilibrio. Olvidó a los de arriba. Rechazó a los de abajo. Infló el ego humano como señor de la realidad. El resultado es una civilización huérfana del Árbol del Mundo: sin raíces, sin ramas, presa a un tronco seco. El tengriismo, con su claridad ancestral, ofrece un recordatorio: los mundos continúan aquí. El cielo aún pulsa. El inframundo aún respira. Y el medio aún puede ser curado.

Esta posibilidad de curación comienza por la reconexión interior. Cada individuo carga en sí una chispa de los tres mundos – una memoria ancestral del árbol cósmico. Retomar este eje es, ante todo, reaprender a escuchar las direcciones del ser: la luz que nos llama a la altura, la sombra que nos invita a la introspección, y el presente que nos convoca a la responsabilidad. El chamán, en este sentido, es menos un elegido y más un espejo: su viaje muestra lo que cada uno, en su medida, puede recorrer. El desafío no está solo en atravesar los mundos, sino en mantener el alma íntegra al hacerlo.

En el día a día, esta reconexión se expresa en gestos simples, pero poderosos: encender una vela en silencio, respetar el ritmo de la naturaleza, dormir atento a los sueños, tratar con reverencia aquello que parece inerte. Estas acciones tejen nuevamente el puente entre los planos. El mundo moderno no necesita imitar los ritos antiguos, pero puede de ellos extraer una sabiduría práctica: percibir que todo comunica, todo vibra, todo responde. El universo no es un escenario indiferente – es un árbol vivo que pulsa con nuestra conducta, nuestras elecciones, nuestra escucha.

Es en este reencuentro silencioso con el árbol del mundo donde reside la oportunidad de regeneración. Cuando volvemos a reconocer el cielo no como idea, sino como presencia; el inframundo no como amenaza, sino como espacio de transformación; y el mundo del medio como suelo sagrado donde todo se entrelaza, algo en nosotros comienza a alinearse. El mundo no necesita ser otro. Necesita ser rehabitado con otra consciencia. Porque, incluso olvidada, el árbol permanece. Y para quien desea escalar sus ramas o curar sus raíces, el tambor aún suena.

Capítulo 9
Mundo Celestial

Sobre las estepas ondulantes, sobre las nubes pasajeras, sobre incluso las águilas en vuelo, se extiende el mundo celestial – un plano de existencia sereno, luminoso, inalcanzable a los ojos físicos, pero presente a cada instante en la consciencia espiritual de los pueblos tengriistas. Este no es un cielo vacío, frío y mecánico, como el cielo moderno de la astronomía, sino un espacio vivo, consciente, repleto de presencias. En el corazón del tengriismo, el mundo celestial es la morada de los dioses benevolentes, de los ancestros elevados, de los espíritus que conducen el equilibrio del universo. Es el origen y el destino, la cuna y el juicio.

Tengri, el Padre Cielo, es la fuerza suprema que permea y sustenta este mundo. No es un dios entre otros, sino el propio firmamento – no en el sentido físico, sino como consciencia abarcadora, eternamente azul, eternamente presente. Su dominio no es de tronos ni coronas, sino de orden invisible. Donde hay armonía, hay Tengri. Donde hay justicia, allí está su voluntad manifiesta. No comanda con voz, sino con viento. No dicta, sino inspira. Y en el mundo celestial que le pertenece, todo vibra en consonancia con su presencia.

Se dice que este mundo superior posee capas – niveles o pisos que reflejan diferentes grados de pureza espiritual. En algunas tradiciones, son siete cielos; en otras, nueve. Esta multiplicidad no es simple multiplicación espacial, sino gradación de energía. En el cielo más bajo, habitan espíritus que aún mantienen lazos con el mundo humano. Son ancestros recientes, guardianes de clanes, protectores de lugares. A medida que se asciende, se encuentran divinidades más antiguas, principios cósmicos personificados, como Ulgen, Mergen y Kayra. Y, en el punto más alto, reside lo que no puede ser descrito – la pureza absoluta del Cielo Eterno.

Ulgen, por ejemplo, es frecuentemente citado como el gran organizador del bien. No es el creador de todo, pero es quien vela por la continuidad del orden. Su papel es velar por los humanos que honran las leyes del cielo, ofrecerles protección e inspiración. Es él quien envía a los chamanes en sueños. Es él quien observa los rituales hechos con sinceridad. En algunas versiones del mito, es Ulgen quien moldea los destinos de las almas que suben después de la muerte – asignándoles moradas en los diferentes cielos según su grado de rectitud.

Mergen, otro espíritu celestial, es el arquetipo de la sabiduría y la contemplación. Su nombre significa "el Perspicaz", "el Sabio". Habita el cielo de la inteligencia, donde los pensamientos puros fluyen como ríos cristalinos. Se dice que Mergen cabalga sobre nubes blancas, empuñando un arco de luz con el cual dispara ideas a los humanos inspirados. Poetas, curanderos, profetas – todos, en algún momento, reciben una flecha invisible de Mergen. Y cuando eso sucede, algo cambia: un verso surge, una cura se realiza, una decisión justa es tomada. Porque el cielo superior actúa a través de las señales, no de las palabras.

Kayra, por su parte, es el principio primordial. Algunos lo confunden con Tengri, otros lo ven como su primer hijo. En toda narrativa, él es el más antiguo de los celestiales. Representa el origen, el inicio antes del tiempo. Cuando el universo todavía era un huevo cósmico, Kayra era el soplo que lo hizo romper. No posee forma, ni color, ni límite. Es pura presencia. Muchos chamanes relatan, en sus trances más profundos, haber "tocado" a Kayra – no con los sentidos, sino con el alma. Lo describen como silencio absoluto, luz blanca, una sensación de unidad indescriptible. Después de tal encuentro, nunca más son los mismos.

Estos habitantes del mundo celestial no viven en un "paraíso" en el sentido cristiano. No reposan en ociosidad. Trabajan. Velan. Observan a los humanos con interés y compasión. Reciben sus plegarias, responden con bendiciones o advertencias. A veces, se manifiestan en fenómenos naturales: una nube en forma de animal, un arcoíris que surge después de un rito, una estrella fugaz durante una invocación. Todo es comunicación. Todo es presencia.

Las almas humanas, al morir, no suben automáticamente al mundo celestial. Se necesita mérito, purificación, reconocimiento. Un alma puede vagar entre mundos, o ser acogida por espíritus familiares. Pero cuando asciende a los cielos, se convierte en un arug elevado – un ancestro que no solo protege, sino que orienta con sabiduría profunda. Esas almas no olvidan a los vivos. Los guían, los inspiran, los advierten en sueños. Y, sobre todo, atestiguan. Nada de lo que el humano hace escapa a los ojos del cielo. Porque, para el tengriista, vivir es estar bajo constante observación del mundo superior – no como vigilancia opresora, sino como presencia amorosa, exigente y justa.

Por eso, antes de grandes decisiones, se mira al cielo. Se pide la aprobación de Tengri. Se busca una señal. El vuelo de un pájaro, el cambio del viento, la forma de una nube. Todo puede ser respuesta. Y, cuando la señal es dada, se sigue adelante con coraje. Porque actuar en sintonía con el cielo es actuar con verdad. Y quien camina con el cielo no teme la caída.

En las ceremonias, invocar el mundo celestial es práctica común. El chamán alza las manos, danza en espiral, canta en lenguas olvidadas. Mientras tanto, los presentes observan el fuego, aguardan la brisa, escuchan el tambor. Y, en algún momento, sienten: el velo se rompió. Algo descendió. Una presencia tomó el espacio. Lo invisible se volvió casi palpable. En esos instantes, el mundo del medio toca el mundo de arriba. Y los humanos, aunque sea por segundos, saben que forman parte de algo mayor, eterno, sublime.

El mundo celestial también es recordado en canciones, proverbios e historias. Los niños aprenden desde temprano que "quien engaña a la tribu, será olvidado por los cielos"; o que "las palabras honestas suben rápido como humo hacia Tengri". Estos dichos no son solo moralidad folclórica. Son recuerdos vivos de que el Cielo ve, el Cielo escucha, el Cielo responde.

Hoy, cuando muchos miran hacia arriba y ven solo espacio y estrellas, el tengriista ve hogar, ve camino, ve memoria. Ve el reflejo de aquello que un día él volverá a ser. El cielo no es un misterio externo. Es un espejo del alma. Y el mundo celestial no es una fantasía antigua – es una dimensión del ahora, accesible al corazón que sabe escuchar, al espíritu que sabe subir.

El mundo celestial, más allá de su grandeza, revela una pedagogía sutil: todo lo que viene de arriba no desciende como imposición, sino como invitación. El cielo no exige adoración ciega, sino sintonía. Y esa sintonía se construye con el cultivo interior: la escucha atenta, la palabra íntegra, el gesto alineado a la verdad. Vivir bajo el cielo es, por lo tanto, un compromiso espiritual con la claridad, la humildad y la escucha. Cada pensamiento impuro, cada acción deshonesta, oscurece el vínculo con el plano superior. Pero cada arrepentimiento sincero, cada acto de rectitud, rehace el puente. No es el rito lo que garantiza la conexión, sino la coherencia entre lo que se piensa, se siente y se hace.

Hay, en este horizonte elevado, una especie de consuelo luminoso. Saber que hay ojos amorosos en lo alto – no ojos juzgadores, sino testigos de nuestro esfuerzo – fortalece el caminar. Porque incluso en la soledad más profunda, incluso cuando los ritos parecen vacíos o los sueños enmudecen, todavía hay una presencia. Tengri y los celestes no responden en el tiempo de la ansiedad humana, sino en la cadencia de la eternidad. A veces, la señal que se buscaba no viene en el viento, sino en el silencio. Y incluso ese silencio carga sabiduría – una llamada para que se confíe, para que se persista, para que se suba con el corazón ligero.

Por eso, honrar el mundo celestial no es solo mirar hacia arriba con reverencia, sino vivir de tal modo que el cielo pueda habitar dentro. Cuando el humano camina en armonía con los ritmos del alma y de la tierra, cuando no traiciona lo que es sagrado en sí y en el otro, el cielo no necesita más ser invocado – se manifiesta. No como espectáculo, sino como presencia serena. Y en ese instante, incluso entre las luchas del mundo del medio, el alma reconoce: está en casa.

Capítulo 10
Mundo Subterráneo

En las profundidades ocultas de la realidad, bajo la superficie de las llanuras y debajo de la solidez aparente de la tierra, reposa el mundo subterráneo – una esfera de existencia envuelta en sombra, silencio y misterio. Para los pueblos tengriistas, este mundo no es una invención para amedrentar, sino una realidad palpable, integrante de la estructura trina del cosmos. Es tan necesario como el cielo y la tierra del medio. Es el dominio de lo oculto, de lo que no fue resuelto, de lo que necesita ser transformado. Y sobre todo, es el lugar donde fuerzas olvidadas y reprimidas duermen – o se agitan.

El mundo subterráneo, llamado por muchos nombres a lo largo de las estepas de Asia Central, posee su propia lógica, sus propios habitantes, sus propias reglas. En él, las almas que no lograron ascender al mundo celestial, ya sea por desequilibrio, ya sea por acciones en vida, encuentran morada temporal. Pero no es un infierno en el sentido occidental. No es un lugar de castigo eterno, sino de suspensión. Un entre-mundo, donde el espíritu aprende, sufre, se reconfigura – o perece.

En este dominio, reina una figura central: Erlik Khan. Conocido como el Señor del Inframundo, Erlik no es el "diablo" de los monoteísmos. Es más antiguo que la moral dualista. Representa el poder de contención, la sombra necesaria, el guardián de las fronteras entre la vida y la muerte. Según algunos mitos, Erlik era uno de los primeros seres creados, pero su ambición lo llevó a la caída. Otros dicen que fue encargado por Tengri de guardar el inframundo, manteniendo allí las energías que no podían vagar libremente por el cosmos.

Erlik es descrito como una entidad de apariencia mutable. A veces es un viejo de rostro oscuro y barba larga; otras, un guerrero sombrío con ojos como carbón incandescente. En todas las versiones, carga consigo el peso del umbral – su presencia anuncia crisis, ruptura, pero también oportunidad de cambio. Comanda legiones de espíritus atormentados, demonios menores y almas confusas. Estos seres, aunque temidos, tienen función: prueban, desafían, revelan los puntos débiles de los humanos.

En el mundo subterráneo, el paisaje es un espejo invertido de la realidad terrestre. Hay montañas, ríos, ciudades, pero todo está velado por una tonalidad oscura, como si la luz solar nunca hubiera alcanzado aquellos parajes. Los ríos no son de agua, sino de brumas y lamentos. Los bosques son densos, donde cada árbol guarda un secreto. Las moradas son cuevas esculpidas en rocas vivas. Allí, las almas recorren trayectos confusos, repiten errores, buscan salida. Algunas encuentran. Otras, no.

Se decía que, en ciertas noches, las puertas del inframundo se entreabrían. Y los sueños de los vivos se volvían vívidos, cargados de presagios. Era en esos momentos que los chamanes entraban en acción. Pues uno de los roles más arriesgados – y más nobles – del chamán era descender al mundo subterráneo. En trance profundo, guiado por cantos ancestrales y golpes rítmicos del tambor, abandonaba su cuerpo y partía. El viaje no era metafórico. Era real. El chamán cruzaba los portales de piedra, atravesaba el río de las almas, enfrentaba a los guardianes de las cuevas. Todo para recuperar algo: un alma perdida, un niño enfermo, la suerte robada de un clan.

Estas bajadas no estaban exentas de peligros. Muchos chamanes retornaban enfermos, exhaustos, trastornados. Algunos no retornaban – sus almas quedaban atrapadas, o entonces elegían permanecer como guardianes. Por eso, el entrenamiento de un chamán incluía aprender los nombres de las entidades del inframundo, sus agrados y aversiones. Un error en el ritual, un canto mal entonado, una ofrenda mal escogida, y el chamán podía ser devorado espiritualmente. El coraje necesario no era heroico en el sentido vulgar – era existencial. Era saber que, al descender, quizás nunca más se sería el mismo.

Pero no solo los chamanes se relacionaban con el inframundo. Las personas comunes también sabían de su presencia. Cuando alguien enfermaba repentinamente, se decía que su alma había sido arrastrada hacia abajo. Cuando un rebaño desaparecía misteriosamente, se sospechaba de la ira de Erlik. Para prevenir tales infortunios, se realizaban rituales de apaciguamiento. Animales de pelaje oscuro – carneros negros, gallos negros – eran sacrificados en los umbrales de la aldea. La sangre derramada era un gesto de conciliación, una petición para que Erlik no cruzara sus fronteras. Que mantuviera sus ojos en el mundo de abajo.

Había también ceremonias de agradecimiento. Cuando alguien se recuperaba de una enfermedad grave, se creía que había sido rescatado de las garras del inframundo. En esas ocasiones, se preparaba un banquete. No solo para los vivos, sino para los espíritus. Se dejaban platos al aire libre, cerca de cuevas o árboles antiguos. Se murmuraban palabras para los "hermanos de abajo". Porque el respeto mantenía la paz. Y faltar el respeto al inframundo era llamar a la ruina.

El inframundo también era hogar de saberes olvidados. Muchos mitos decían que los espíritus de antiguas civilizaciones – aquellas que existieron antes del tiempo conocido – habitaban allí. Eran maestros caídos, chamanes ancestrales, guardianes del conocimiento prohibido. En algunos rituales raros, los chamanes intentaban contactarlos. No para aprender trucos, sino para obtener visiones. Estos encuentros eran peligrosos. Pero si tenían éxito, revelaban verdades ocultas – sobre el origen del mundo, sobre el destino de las almas, sobre los ciclos que rigen todo.

En el mundo moderno, el inframundo continúa existiendo. Aunque muchos lo hayan olvidado, todavía pulsa bajo los pies de todos. Se manifiesta en crisis de identidad, en enfermedades sin explicación, en sueños perturbadores. Surge cuando el alma se aleja de su centro. Y aun sin nombrarlo, muchos sienten su presencia. Sienten el peso invisible, la atracción hacia el fondo, la llamada para encarar lo que fue enterrado. El inframundo exige confrontación. Pero también ofrece cura.

Por eso, el tengriismo no lo rechaza. No construye teologías para negarlo o desterrarlo. Al contrario: reconoce su importancia en el equilibrio cósmico. Entiende que toda luz proyecta sombra. Que todo nacimiento implica muerte. Y que todo crecimiento exige inmersión. No se trata de exaltar la oscuridad, sino de saber convivir con ella. De caminar con firmeza sobre el suelo, consciente de que guarda secretos – y que esos secretos son parte del viaje.

Al comprender el mundo subterráneo, el practicante del tengriismo entiende que no hay parte de la existencia que pueda ser ignorada. Que la realidad es un tapiz de tres hilos – y que cortar cualquiera de ellos es deshilar el todo. El cielo, la tierra y el inframundo forman un solo cuerpo. Y el ser humano, al vivir con consciencia, honra esa totalidad.

El reconocimiento del mundo subterráneo como parte vital de la existencia invita a una espiritualidad más madura – una que no busca solo ascensión, sino aceptación e integración. La sombra, en este contexto, no es enemiga: es espejo. Atravesarla es sumergirse en las capas más profundas del alma, donde miedos, culpas y dolores antiguos reposan a la espera de escucha. El inframundo, así, deja de ser solo morada de los olvidados y pasa a ser territorio de la verdad desnuda, donde no hay máscaras, donde todo lo que fue negado clama por nombre y forma. No es casualidad que tantos ritos de curación exijan este contacto: porque solo aquello que es enfrentado puede, de hecho, ser transformado.

En esta inmersión, el papel del chamán y, por extensión, de cualquier buscador sincero, es convertirse en puente. No se trata de traer luz para extinguir la oscuridad, sino de aprender a ver dentro de ella. Los mitos sobre sabidurías olvidadas en el subsuelo no son metáforas distantes – son memorias que apuntan al poder del inconsciente, del pasado, de aquello que la razón moderna rechaza. Y es allí, entre ríos de lamento y bosques de silencio, donde el viajero encuentra no solo respuestas, sino también el reconocimiento de su propia complejidad. Pues conocer el inframundo es, en el fondo, conocerse entero.

Al incluir el inframundo en el tapiz de la vida, el tengriismo nos ofrece una visión radicalmente entera del ser. Ni cielo, ni tierra bastan por sí solos. Es en el equilibrio de los tres mundos donde se dibuja el verdadero camino. Un camino que exige coraje, lucidez y humildad – porque vivir bien no es evitar la caída, sino aprender a levantarse después de ella. Y aquel que encara lo oscuro con ojos abiertos descubre que, bajo la superficie del dolor, pulsa una fuerza silenciosa. Una fuerza que no redime por la negación, sino por la presencia. Y que, al ser acogida, transforma el abismo en raíz.

Capítulo 11
Múltiples Almas

Entre los misterios más profundos de la espiritualidad tengriista está la concepción de que cada ser humano está compuesto por más de un alma. Esta idea, que puede parecer extraña a la mentalidad occidental acostumbrada a pensar el alma como una entidad única e indivisible, es, en verdad, una de las expresiones más sofisticadas de la psicología espiritual desarrollada por los pueblos túrquico-mongoles y siberianos. No se trata de mitología fragmentaria, sino de una visión integral de la existencia, donde el ser es múltiple por esencia, y cada aspecto del alma cumple una función distinta en la gran tapicería de la vida.

Esta concepción plurianímica del alma está profundamente arraigada en la vivencia nómada. Para los antiguos de las estepas y taigas, el ser humano no era solo carne animada por un soplo inmaterial. Era un haz de fuerzas, un conjunto de presencias que coexistían en equilibrio precario. Perder ese equilibrio significaba enfermar. Perder una parte del alma podía significar enloquecer, marchitarse o morir. Recuperarla era la misión más sagrada de un chamán.

La primera de estas almas, generalmente llamada *nefes* (del turco, significando "soplo"), corresponde al aliento vital. Es lo que anima el cuerpo, lo que hace circular la sangre, brillar los ojos, calentar la piel. Entra en el cuerpo con el primer suspiro del recién nacido y, al último suspiro, parte. Está íntimamente ligada a la respiración, al calor y al movimiento de la vida. Es la más sensible a los cambios del mundo físico. Un susto fuerte, un dolor súbito, una fiebre alta pueden afectarla profundamente. Si el *nefes* se debilita, el cuerpo languidece. Si parte, la muerte se instala.

La segunda alma, más sutil y compleja, es la llamada *alma sombra*, también conocida como *alma libre*. Esta es la parte del ser que puede desprenderse temporalmente del cuerpo – en los sueños, en los trances, en las experiencias espirituales intensas. Es vista como viajera. Es por medio de ella que los chamanes exploran los mundos invisibles. Es por ella que los humanos tienen visiones, encuentros con espíritus, recuerdos de vidas pasadas. Durante la noche, es esta alma la que se libera y recorre otros planos. Si se pierde o es secuestrada, el cuerpo duerme, pero no sueña. El espíritu permanece vacío, y la persona puede despertar apática, desorientada, enferma.

Existe aún la *sülde*, conocida entre los mongoles como el alma de la personalidad. Es esta alma la que guarda los rasgos únicos de un individuo – su temperamento, su coraje, su lealtad. Es la chispa que mantiene el sentido de identidad y propósito. Se cree que grandes guerreros y líderes tenían una *sülde* especialmente fuerte. Tras la muerte, esta alma podía permanecer como espíritu protector del clan, ligada a objetos personales, armas, tiendas, banderas. Por eso, las *sülde* eran frecuentemente invocadas en tiempos de guerra o crisis, como fuerzas inspiradoras.

Algunos pueblos, como los samoiedos y altaicos, hablan de una cuarta alma – relacionada con la suerte, el destino, la protección divina. Esta alma es tenue como bruma, difícil de detectar, pero esencial. Cuando está presente e íntegra, la persona parece vivir bajo una estrella favorable: los caminos se abren, los peligros se desvían, las empresas prosperan. Cuando está ausente o herida, la vida se vuelve llena de obstáculos inexplicables, como si el universo estuviera en oposición. Esta alma podía ser transferida, regalada o debilitada por envidia, magia o maldiciones.

En algunas tradiciones, se habla incluso de una quinta alma – el alma ancestral. Sería la memoria viva de las generaciones anteriores, presente en cada individuo como un hilo invisible que lo une a sus antepasados. Esta alma sería responsable del sentido de pertenencia, de la intuición de que se es parte de un linaje, de una historia mayor que el ego. Cuando esta alma se manifiesta, la persona se siente compelida a repetir gestos antiguos, a honrar a los más viejos, a proteger los saberes tradicionales. La pérdida de esta alma genera alienación, desorientación cultural, ruptura.

Estas múltiples almas, aunque interconectadas, son distintas en naturaleza y función. Cada una responde a estímulos diferentes, habita capas diferentes del ser. Y cada una exige cuidados específicos. Proteger el *nefes* es mantener el cuerpo fuerte y saludable. Cultivar el *alma libre* es soñar, crear, meditar. Nutrir la *sülde* es actuar con honor, mantener promesas, respetarse a sí mismo.

Guardar el alma de la suerte es evitar la envidia, envidiar, y mantenerse en armonía con los ritmos del universo. Honrar el alma ancestral es recordar, agradecer, continuar.

El chamán, en este contexto, es ante todo un curador de almas. Cuando alguien enferma, no pregunta solo por los síntomas físicos. Pregunta si la persona tuvo pesadillas, si se siente "vacía", si ha escuchado la voz interior. Muchas veces, el diagnóstico es que una de las almas se perdió – fue asustada por un trauma, seducida por un espíritu engañador, aprisionada en otro plano. El ritual, entonces, es un viaje para recuperar esa alma. El chamán canta, danza, lucha, llora, hasta que la parte perdida se reintegra al todo.

La pérdida de alma es un concepto central en el tengriismo. No como metáfora poética, sino como fenómeno real. Niños muy asustados, mujeres después del parto, hombres que vuelven de guerras, todos podían sufrir esta ruptura. Y había rituales específicos para cada caso. El alma era llamada por su nombre, invitada a volver, acariciada con humo de hierbas, alimentada con leche o sangre. A veces, era preciso que alguien amado la llamara. Porque el amor tiene poder de reunir aquello que el miedo fragmentó.

Esta sabiduría ancestral resuena en los tiempos modernos con fuerza inesperada. En una era marcada por enfermedades psíquicas, crisis de identidad, pérdida de sentido, la noción de múltiples almas ofrece una clave. La depresión puede ser, a los ojos del tengriismo, un alma libre que se alejó. La ansiedad puede ser el alma del destino en desequilibrio. Los trastornos de personalidad pueden indicar una *sülde* rota. El remedio, entonces, no está solo en fármacos, sino en rituales de reconexión: con la tierra, con los ancestros, con el cielo.

El reconocimiento de la multiplicidad interior también desafía las fronteras rígidas entre el yo y el mundo. Si mi alma libre viaja, puede encontrar otras almas, en otros tiempos. Si mi *nefes* se armoniza con el viento, entonces el viento participa de mi vida. Si mi alma ancestral carga la historia de mi pueblo, entonces mi vida es una continuidad, no un comienzo. Esta visión disuelve el individualismo moderno y propone una ecología del alma – donde cada gesto interno reverbera en el universo, y cada evento externo es una invitación a la integración.

En el tengriismo, la salud plena no es ausencia de enfermedad, sino armonía entre las almas. Cuando todas están presentes, limpias, nutridas, el ser humano florece. Sus ojos brillan. Su palabra tiene peso. Su camino se alinea con las fuerzas del cielo y de la tierra. No necesita mandamientos, porque siente internamente lo que es justo. Su ética nace de la plenitud de sus partes. Y su alegría, de la consciencia de estar entero.

La multiplicidad de almas, como propuesta por el tengriismo, también sugiere una educación espiritual que se extiende más allá de la simple fe o doctrina. Implica un conocimiento íntimo de sí mismo, una escucha sensible de las voces internas, y un compromiso con los ritmos más sutiles del ser. En este contexto, vivir se convierte en un acto de afinación constante entre las diversas dimensiones del alma — como un músico que ajusta su instrumento antes de tocar, el ser humano necesita reconocer las cuerdas que vibran en su interior. Cada emoción, cada intuición, cada impulso que brota no es visto como azar o capricho, sino como manifestación de una de esas almas en su lenguaje propio, pidiendo atención, equilibrio o cura.

Al mismo tiempo, este modelo espiritual exige una visión comunitaria de la existencia. Si partes de nuestra alma pueden ser afectadas por palabras, acciones e incluso pensamientos ajenos, entonces somos corresponsables unos de otros. La salud de un clan, de una aldea, de una sociedad, depende del cuidado mutuo de las almas que allí viven. En esta red, el papel del chamán no es solo el de un curador individual, sino el de un armonizador del colectivo. Actúa como puente entre los mundos y entre las personas, restaurando vínculos, reanimando lo que fue disperso. La comunidad, por su parte, reconoce el valor de este papel no por superstición, sino por experiencia directa: cuando el alma de uno retorna, todos respiran mejor.

Cada ser es, entonces, una constelación viva, en constante danza con lo invisible. Percibirse así transforma el modo como se enfrenta el sufrimiento, como se celebra la alegría y como se recorre la vida. No hay prisa en "resolver" lo que duele, sino paciencia en escuchar lo que cada dolor revela sobre las almas en desalineación. Al mismo tiempo, no se teme el éxtasis, pues se comprende que hay momentos en que el alma libre toca lo divino. Vivir, bajo esta luz, es tanto un misterio como un aprendizaje: una invitación a caminar entero, incluso cuando en pedazos, confiando en que hay sabiduría en cada fragmento y que el cielo siempre escucha.

Capítulo 12
Chamán Mediador

Entre los velos que separan el mundo visible de las dimensiones invisibles, hay una figura que camina con los pies en la tierra y los ojos en el cielo, que escucha el murmullo de los vientos y entiende el lenguaje de las aguas, que dialoga con los muertos y cura a los vivos. Esa figura es el chamán – el mediador por excelencia del tengriismo. No es sacerdote, no es orador, no es mesías. Es puente vivo entre los mundos. Su oficio no es enseñar verdades, sino restaurar conexiones. Es guía, curador, guerrero espiritual, consejero de la tribu y aliado de los espíritus. En las vastedades de la estepa, donde la religión no se encierra en templos, sino que pulsa en cada monte, río o árbol, el chamán es el eje que mantiene a la comunidad en sintonía con los ritmos del universo.

Su nacimiento no siempre es deseado. Muchos son elegidos, y no eligen. La llamada viene en forma de enfermedad, visiones, sueños recurrentes, desgracias inexplicables. Cuando una persona comienza a oír voces que nadie más oye, a ver animales hablando o sentir dolores que los médicos no explican, los ancianos saben: quizás Tengri haya puesto en él la carga y el don del *kamlık*, el camino chamánico.

Esta llamada es generalmente confirmada por un chamán más viejo, que reconoce las señales. La iniciación entonces comienza – y es rigurosa. Implica aislamiento, ayunos, pruebas físicas y espirituales. El candidato debe morir simbólicamente para el mundo común y renacer como mediador. En ciertas tradiciones, se dice que el espíritu del futuro chamán es literalmente desmembrado por entidades del otro mundo y después reconstituido con huesos de cristal y carne de fuego. Esta "muerte ritual" es condición para que pueda entrar y salir de los mundos sin ser destruido. Aquel que no ha sido quebrado no puede curar a los quebrados.

Una vez reconocido como chamán, el individuo recibe un nuevo nombre – muchas veces revelado en sueño o transmitido por un espíritu protector. Pasa a usar trajes específicos durante los rituales: túnicas con medallas, espejos, campanas, pieles de animales. Cada adorno tiene significado. Los espejos reflejan y alejan espíritus malignos. Las pieles evocan a los aliados del chamán – lobos, águilas, osos. Las campanas anuncian su paso entre los mundos. El tambor es su caballo. Con él, el chamán cabalga por los cielos y por los abismos.

El tambor, de hecho, es inseparable del chamán. Confeccionado con madera sagrada y cuero consagrado, es más que un instrumento – es un espíritu en sí. El sonido rítmico, grave y pulsante induce al trance, altera la consciencia, abre los portales invisibles. Al tocarlo, el chamán entra en otro estado de percepción. Sus ojos se reviran, su voz cambia, sus movimientos se vuelven fluidos e impredecibles. En ese estado, puede ascender al mundo celestial para buscar orientación, o descender al inframundo para liberar almas aprisionadas.

Cada viaje es único. Ningún trance es igual a otro. A veces, el chamán encuentra a un niño extraviado que necesita ser conducido de vuelta al cuerpo. Otras veces, encara espíritus vengativos que exigen reparaciones. En algunas ocasiones, dialoga con los ancestros para entender el porqué de una maldición o el origen de una enfermedad. Estos encuentros son simbólicos, sí, pero también concretos. El chamán los vive como realidades vivas. Vuelve con informaciones, orientaciones, bendiciones o alertas. Su verdad es resultado de la experiencia directa, no de doctrina.

En lo cotidiano de la tribu, el chamán no es solo invocado en situaciones extremas. Es parte de la vida. Las personas lo consultan antes de una cacería, antes de un viaje, antes de un matrimonio. Interpreta presagios, analiza el comportamiento de los animales, lee las señales del cielo. Es llamado para bendecir el nacimiento de un niño o consolar a los familiares ante la muerte. Es él quien garantiza que el alma del fallecido llegue con seguridad al mundo de los ancestros. En algunas culturas, este papel es conocido como psicopompo – conductor de almas.

Pero el chamán también cura. Y cura de manera profunda. Cuando una enfermedad afecta a alguien, y los remedios fallan, se llama al chamán. Investiga el origen espiritual del mal: ¿fue un alma perdida? ¿Un espíritu del bosque ofendido? ¿Un ancestro olvidado? ¿Un pacto roto? A partir de eso, prescribe un ritual: baños de humo, ofrendas, danzas, oraciones. A veces, extrae objetos "mágicos" del cuerpo enfermo – piedras, espinas, insectos invisibles. A veces, solo canta. Y la curación ocurre. No porque sea milagrero, sino porque sabe restaurar el flujo interrumpido.

La relación del chamán con los espíritus se basa en el respeto mutuo. No los comanda. Negocia. Aprende sus nombres, sus gustos, sus humores. Tiene espíritus auxiliares – llamados *ongon* – que lo acompañan en sus viajes. Algunos son ancestros suyos, otros son entidades de la naturaleza. Estos espíritus no lo poseen, sino que lo protegen. Cuando un chamán entra en trance profundo, muchas veces es un *ongon* quien asume la palabra, quien da consejos, quien hace profecías. El pueblo escucha con atención. Sabe que allí habla una sabiduría que no es humana.

Es importante notar que en el tengriismo clásico no hay una institución religiosa organizada. No hay jerarquía de sacerdotes, ni templos fijos. Cada chamán es autónomo, y su legitimidad proviene de su eficacia. Si cura, si orienta, si ve lo invisible, entonces es respetado. En caso contrario, pierde la confianza del pueblo. Eso confiere al chamán una enorme responsabilidad. No puede mentir, ni manipular. Su vida es transparente, porque su alma está expuesta a la mirada de los cielos. Y sabe que Tengri no tolera la impostura.

Las mujeres también pueden ser chamanes – son las *udgan* entre los mongoles. Poseen dones particulares, muchas veces más ligadas a la curación, a la maternidad espiritual, a la mediación con espíritus femeninos y de la tierra. En algunas tradiciones, las *udgan* son vistas como capaces de alcanzar niveles aún más profundos de trance. Sus cantos son dulces, pero poderosos. Cuando entran en estado alterado, su voz parece la de la Madre Tierra. Y aquellos que las oyen se sienten curados solo por el sonido.

    Hoy, incluso en los contextos urbanos y globalizados, los chamanes continúan existiendo. Muchos actúan en las ciudades, atendiendo a personas en busca de sentido, curación y reconexión. Algunos adaptaron sus rituales, usando velas, inciensos, tambores modernos. Pero el principio es el mismo: conectar al ser humano con las fuerzas invisibles que lo sustentan. En regiones como Tuva, Buriatia, Yakutia y Mongolia, hay federaciones de chamanes, escuelas de iniciación, congresos espirituales. El saber antiguo encuentra nuevas formas de manifestarse, pero la esencia permanece intacta.

    Al observar la continuidad de la práctica chamánica en los días actuales, se percibe que el chamán moderno, a pesar de transitar en ambientes urbanos y lidiar con cuestiones contemporáneas, se mantiene fiel a su función ancestral: restaurar el vínculo roto entre el ser humano y los planos invisibles de la existencia. Los dolores cambiaron de forma, pero no de esencia. Si antes los males venían del bosque o del clan, hoy vienen del exceso de información, de la desconexión con el cuerpo, de la ausencia de raíces. El chamán reconoce estos nuevos paisajes del alma, pero aún recorre los mismos caminos sutiles para traer curación. Entiende que, incluso en medio del concreto de las ciudades, el espíritu continúa pidiendo espacio para respirar.

Además de la curación individual, el chamán de hoy también actúa como guardián de una memoria ancestral que corre el riesgo de borrarse. Al mantener vivos los cánticos, los rituales, los mitos y los gestos sagrados, preserva no solo una tradición, sino una forma de vivir y percibir el mundo. En un tiempo de ruptura, su presencia es un recordatorio de que hay sabidurías que no se doblan al tiempo lineal, que hablan de ciclos, de escucha profunda, de integración. No está allí para competir con la ciencia o con las religiones establecidas, sino para recordar que hay otros modos de saber – modos que pasan por el cuerpo, por el sueño, por el silencio.

Así, el chamán permanece como una figura esencial en cualquier tiempo: aquel que no teme lo invisible, que se sumerge en las sombras para encender pequeñas luces, que camina entre mundos con humildad y firmeza. Su existencia invita a una reeducación de la mirada – no para ver más, sino para ver mejor. Al escuchar sus tambores e historias, somos llevados a reconocer que la verdadera curación no es borrar el dolor, sino reintegrar lo que fue separado. Y en eso, el chamán, con sus espejos, campanas y cantos, continúa siendo puente: entre pasado y futuro, entre lo visible y lo invisible, entre el ser humano y todo lo que hay.

Capítulo 13
Rituales Sagrados

En las estepas barridas por el viento, bajo el cielo inmenso y silencioso, el pueblo nómada no construyó templos de piedra ni erigió catedrales – pero cada monte, cada árbol, cada fuego encendido era un altar vivo. En el corazón del tengriismo, los rituales sagrados son el hilo que cose los mundos: cielo, tierra, inframundo y espíritu humano. No son ceremonias para impresionar, ni actos de sumisión a una divinidad distante. Son gestos de comunión. Oficios de equilibrio. Diálogos con las fuerzas invisibles que sustentan la existencia.

Desde el amanecer de un nuevo día hasta los grandes ciclos del año, el tengriismo se expresa en rituales. Varían de clan a clan, de pueblo a pueblo, pero comparten una estructura: ofrenda, invocación, presencia, silencio. La materia es simple – leche, humo, carne, fuego, piedra – pero la intención es profunda. La acción ritual es siempre relacional: no se hace "para" los dioses, sino "con" ellos. Como quien comparte una comida con un pariente antiguo, un espíritu cercano.

El primero de los rituales, y quizás el más cotidiano, es la ofrenda al cielo al despertar. Con las primeras luces de la mañana, especialmente en las familias tradicionales, se derrama un poco de leche hacia lo alto. No como superstición, sino como agradecimiento. La leche, esencia del rebaño, es vida compartida. El gesto es acompañado de palabras – a veces murmuradas, a veces cantadas. "Padre Cielo, recibe nuestro día. Guía nuestros pasos. Protege nuestro hogar." Es una oración sin libro, pero con alma. No hay ceremonia más sincera que esta ofrenda matutina.

Otros rituales se dan alrededor del fuego doméstico, que es él mismo un espíritu. El fuego, para el tengriismo, es ser vivo. Posee humor, memoria, sabiduría. Debe ser encendido con respeto, alimentado con parsimonia, y nunca insultado con palabras torpes. Cada mañana, el primer fuego es saludado. Durante las comidas, un pedazo es arrojado al fuego – "para los espíritus". En noches de decisión o enfermedad, se canta al fuego. Es el centro del hogar, el vínculo con los ancestros, el guardián invisible. No se arroja basura al fuego. No se apaga con rabia. Él escucha.

El sacrificio de animales, presente en muchas tradiciones, también forma parte de los rituales tengriistas – pero con distinciones importantes. No se mata por matar. La vida del animal es respetada. Antes del corte, hay plegaria. El chamán o el jefe de familia pide permiso al espíritu del animal, agradece a la Madre Tierra, y ofrece la vida al Cielo. En algunas ocasiones, un caballo blanco es sacrificado para Tengri – un gesto rarísimo, reservado a eventos extremos. El caballo, compañero del nómada, es visto como intermediario entre los mundos. Su muerte ritual es un viaje ofrecido al mundo espiritual.

Otro ritual central es el *ovoo tahilga*, realizado en los montones de piedras – los ovoo – esparcidos por las colinas. Estos montículos son altares naturales, marcadores de paso, puntos de contacto con los espíritus de la tierra y del cielo. Al pasar por un ovoo, es costumbre dar tres vueltas alrededor de él, en sentido horario, y dejar una ofrenda: una piedra, un pañuelo azul, un poco de leche, vodka o tabaco. Cada gesto es un saludo, una petición, una renovación de alianza con los guardianes invisibles del lugar. Subir una colina con este propósito es más que caminar – es ascensión espiritual.

En las grandes celebraciones del año, los rituales se vuelven colectivos. En el solsticio de verano, por ejemplo, se realizan festividades al aire libre. Familias se reúnen, encienden hogueras, danzan, cantan. Un chamán lidera la invocación a los espíritus benévolos, agradece a Tengri por la luz, por la cosecha, por la vida. En ese momento, toda la comunidad es una sola alma. Los niños aprenden los cánticos. Los ancianos repiten las historias. Los jóvenes renuevan su identidad. Es rito, es fiesta, es espejo del orden cósmico reflejado en el cuerpo social.

Cuando hay enfermedad, el ritual se transforma en curación. El chamán consulta a los espíritus, prepara el espacio – puede ser una tienda, un claro, una casa. El tambor comienza a sonar. El fuego es encendido con madera escogida. El paciente es purificado con humo de enebro o artemisa. El chamán danza, entra en trance, dialoga con el mundo oculto. El ritual puede durar horas, a veces la noche entera. La comunidad asiste en silencio o participa con palmas, cantos, gritos. Si el alma perdida retorna, el paciente abre los ojos. Llora. Respira. Sonríe. El ritual cumplió su propósito.

Hay también rituales de paso – nacimiento, pubertad, matrimonio, muerte. El nacimiento es celebrado con bendiciones de la Madre Tierra y de Umay, diosa protectora de los niños. Se colocan talismanes en la cuna, se entonan cánticos suaves, y el fuego se mantiene encendido para espantar espíritus hostiles. La pubertad, especialmente entre los niños, es marcada por pequeños ritos de coraje: montar un caballo salvaje, cazar con los más viejos, pasar una noche solo bajo el cielo. El matrimonio es una unión no solo entre dos personas, sino entre dos linajes, dos casas espirituales. El ritual es acompañado de danzas, libaciones y votos ante el cielo.

La muerte, quizás el más solemne de los ritos, es tratada con reverencia y calma. El cuerpo es lavado, ungido, vestido con sus mejores ropas. El fuego se mantiene vivo en la casa. Se entonan cánticos para guiar el alma. El chamán puede acompañar la travesía, asegurando que el alma llegue al lugar correcto entre los ancestros. En los días siguientes, se hacen ofrendas de comida y bebida – no porque los muertos coman, sino porque el gesto alimenta el vínculo entre los mundos. El alma, ahora libre, puede visitar a los vivos, proteger a los descendientes, enviar señales en sueños.

En todas estas prácticas, se nota una ausencia notable de rigidez dogmática. Los rituales tengriistas no obedecen a libros sagrados. No son seguidos por miedo al castigo, sino por deseo de conexión. La espiritualidad se expresa en el gesto, en el canto, en el silencio entre las palabras. Cada clan, cada familia, adapta los rituales a su modo de vivir, a su territorio, a sus necesidades. No hay ortodoxia. Hay coherencia con la vida. Y esa coherencia se mide por el bienestar colectivo, por la armonía con la naturaleza, por la presencia sentida de los espíritus.

En los tiempos modernos, muchos de estos rituales han vuelto a surgir. No ya como reliquias folclóricas, sino como prácticas espirituales vivas. En Mongolia, es común ver a jóvenes subiendo montañas para ofrecer vodka a Tengri. En Kazajistán, festivales tradicionales incluyen ritos de fuego y plegarias a los ancestros. En Yakutia, el festival Yhyakh renació con vigor, combinando danzas antiguas, cantos al cielo y bendiciones chamánicas. Incluso en ambientes urbanos, pequeños altares con piedras, telas e incienso surgen en balcones de apartamentos. El ritual se adapta. Y el alma se siente en casa.

El tengriismo, con su visión holística del mundo, enseña que no hay separación entre lo sagrado y lo cotidiano. Cocinar puede ser ritual. Cuidar de los animales puede ser ofrenda. Observar el cielo nocturno puede ser oración. Lo importante no es el formalismo, sino la intención. Donde hay presencia, respeto y apertura, hay ritual. Y donde hay ritual, hay conexión. Y donde hay conexión, hay curación.

La continuidad de los rituales tengriistas en el presente muestra que su esencia no está en los objetos usados o en los lugares donde se realizan, sino en la calidad del vínculo que establecen. En medio del ritmo apresurado de la vida contemporánea, ofrecen un retorno al tiempo circular, al gesto con sentido, a la atención plena. Aunque el paisaje cambie y los símbolos se transformen, el espíritu del ritual permanece: crear una fisura en lo cotidiano por donde lo invisible pueda respirar. Al encender una vela, al tocar el tambor, al dejar una ofrenda de leche, el practicante rehace el puente entre lo humano y el cosmos, recordando que la vida no es solo lo que se ve, sino también todo lo que pulsa detrás del velo de lo visible.

Estos rituales, por su maleabilidad y profundidad, revelan una espiritualidad de escucha y reciprocidad. No se trata de dominar el mundo espiritual, sino de entrar en relación con él, con humildad y reverencia. Cada gesto ritual carga el peso de la tradición y la ligereza del presente. Al involucrar cuerpo, voz, memoria e intención, el rito se vuelve completo. Educa el corazón, realinea el pensamiento y fortalece el sentido de pertenencia. Los niños crecen sabiendo que el cielo merece respeto, que el fuego es vivo, que la piedra escuchada responde. No es una fe ciega, sino un aprendizaje sensible, donde cada elemento natural se convierte en un maestro.

El verdadero legado de los rituales sagrados del tengriismo no es solo cultural o espiritual, sino existencial. Recuerdan que el ser humano no está por encima de la naturaleza, sino dentro de ella, como una de las voces de la gran canción cósmica. Cuando esta canción es cantada con el cuerpo entero, con alma presente y manos abiertas, cura – no como milagro, sino como reconexión. Y ese es el mayor regalo de un ritual: no cambiar el mundo alrededor, sino permitir que el mundo dentro de nosotros se alinee nuevamente con el cielo, la tierra, y todo lo que vive entre ellos.

Capítulo 14
Curación Chamánica

El alma, en el universo tengriista, no enferma en silencio. Cuando se desequilibra, habla – por medio del cuerpo, del humor, del destino que se enturbia. Para los pueblos nómadas de la estepa y de la taiga, la enfermedad no era solo un accidente fisiológico, sino una señal de ruptura entre el ser humano y los mundos visibles e invisibles. La curación, por lo tanto, no era una operación mecánica, sino un viaje espiritual. Y el curador, por excelencia, era el chamán. Su tambor no era instrumento de espectáculo, sino bisturí del alma. Sus palabras no eran metáforas, sino fórmulas vivas. Trataba no síntomas, sino causas. No solo lo que dolía, sino lo que estaba ausente. La curación chamánica era reconexión.

Para comprender plenamente el modo en que esta curación se da, es necesario abandonar la separación moderna entre mente, cuerpo y espíritu. En el tengriismo, todo está interconectado: la salud del individuo depende de la alineación con la naturaleza, con los ancestros y con las múltiples almas que componen su existencia. La enfermedad puede surgir de causas espirituales diversas: pérdida de alma (muy común), intrusión de un espíritu malévolo, ruptura de un tabú natural, o aún desequilibrio energético generado por emociones prolongadas y no digeridas – como envidia, miedo, rencor. Se llama al chamán no solo cuando todo falla, sino cuando se percibe que el mundo visible no da cuenta de la explicación.

El proceso comienza con la escucha. El chamán, al ser buscado, no formula diagnósticos en el sentido técnico de la medicina moderna. Observa, escucha el timbre de la voz, el modo como los ojos se mueven, lo que se dice y, principalmente, lo que no se dice. A veces no hace preguntas. Solo toca su tambor, cierra los ojos y entra en sintonía con los espíritus auxiliares. Les pregunta qué ocurrió. Y los espíritus responden – por imágenes, sonidos, sensaciones. En otras ocasiones, un sueño revela el origen de la enfermedad. O el comportamiento de un animal, o el viento que sopla diferente aquella mañana.

Cuando la causa espiritual es identificada, se prepara el ritual de curación. Puede ser simple o elaborado, dependiendo de la gravedad del caso. A veces, un baño de humo de enebro es suficiente para dispersar un espíritu intruso. Otras veces, son necesarias largas noches de cantos, danzas, ofrendas y enfrentamientos.

En muchos casos, el chamán entra en trance y viaja espiritualmente hasta el inframundo, donde el alma del paciente puede estar atrapada. En este viaje, negocia con los guardianes del inframundo, ofrece regalos, canta nombres sagrados, hasta liberar el alma. Cuando ella retorna, el paciente, antes apático y distante, despierta como de un largo sueño. Abre los ojos. Respira hondo. Llora.

Otro método común es la succión espiritual. El chamán identifica el punto del cuerpo donde se alojó la intrusión – puede ser un hechizo, un espíritu maligno, o un "objeto" etéreo – y succiona con la boca. Después escupe en el fuego. El sonido que se oye al caer puede ser señal de que el mal fue quemado. No es raro que el chamán presente el objeto retirado: una piedra oscura, un hueso minúsculo, un gusano invisible. El gesto es simbólico, pero no menos eficaz. Porque el enfermo se siente ligero. Dice que el peso salió. Que el nudo se deshizo.

Existen también los rituales de devolución de alma. Cuando una parte del alma se pierde – ya sea por trauma, susto o luto – puede vagar, olvidarse de volver. El chamán, entonces, la llama. Tres veces, en voz firme y melodiosa, dice el nombre del alma. Le hace señas con ofrendas, le recuerda quién es, dónde vive, quién la ama. El alma, sensibilizada, retorna. Al retornar, la mirada del paciente cambia. Hay una chispa que se reaviva. Los chamanes dicen que, cuando el alma vuelve, el cuerpo sonríe – incluso en silencio.

Las curaciones chamánicas también involucran elementos naturales: piedras, plantas, agua, fuego. El chamán conoce las hierbas que limpian, que calientan, que adormecen, que despiertan. Sabe dónde crece la raíz que aleja el miedo. Sabe quemar la hoja que aleja los malos vientos. Pero nada se usa sin consentimiento espiritual. Antes de cosechar, el chamán pide permiso a la planta. Agradece. Deja algo a cambio – un cabello, un poco de leche, una piedra. La curación, en el tengriismo, es siempre recíproca. Nada se toma sin dar.

Hay también los tratamientos con agua: baños en ríos sagrados, inmersiones en fuentes específicas, o incluso el lavado con agua consagrada por cánticos. El agua, símbolo de la vida y del flujo, es vehículo de purificación. Se lleva lo que está viejo, estancado, corrompido. En algunas tradiciones, el paciente necesita ayunar antes de recibir el agua. En otras, debe pasar por pruebas – como enfrentar la oscuridad, escuchar sin hablar, soportar el frío – para demostrar al alma que está dispuesto a curarse.

En los casos más graves, la curación depende de todo el clan. El chamán convoca a todos. El ritual se vuelve colectivo. Todos aplauden, entonan estribillos, alimentan el fuego. No se trata solo de ayudar al enfermo. Se trata de reequilibrar la comunidad. Porque la enfermedad de uno puede ser el reflejo de la enfermedad del todo. Y la curación verdadera es aquella que alcanza a todos. Por eso, incluso hoy, muchos rituales se hacen en grupo. Incluso en las ciudades, incluso entre desconocidos. Porque cuando un alma se cura, todas se alegran.

Hay casos en que la curación no ocurre. El alma ya está lista para partir. El chamán, entonces, no fuerza. Su papel se vuelve otro: el de guiar. De preparar el espíritu para el viaje. De garantizar que el muerto encuentre el camino correcto. De consolar a los vivos. De mostrar que la muerte no es fin, sino transición. En muchos casos, la presencia del chamán en el momento de la muerte es más importante que cualquier tratamiento. Porque canta para el alma que se suelta. Y el alma, al oír su nombre cantado, atraviesa con serenidad.

En los tiempos modernos, la curación chamánica continúa viva. En hospitales alternativos, en retiros espirituales, en comunidades indígenas urbanas. El tambor continúa sonando. El humo continúa subiendo. El alma continúa siendo llamada. Muchos la buscan como última esperanza. Otros, como primera elección. Hay quien la ve como superstición. Pero hay también quien atestigua curaciones inexplicables. Quien siente el alma volver. Quien ve el brillo renacer en los ojos. Y eso basta.

La persistencia de la curación chamánica en el mundo contemporáneo revela una necesidad ancestral que resurge con nuevas vestiduras: la de reconectar al ser humano con lo que fue perdido — no solo en el plano espiritual, sino también en el simbólico, en el emocional, en el relacional. Incluso ante la medicina tecnológica, con sus diagnósticos precisos y terapias sofisticadas, hay un vacío que permanece intocado. La curación chamánica не compite con la ciencia; actúa donde los exámenes no alcanzan: en el terreno de lo invisible, de la memoria silenciada, del trauma que aún resuena. No niega el dolor, sino que lo escucha. Y al escucharlo, invita al alma a retornar a sí misma.

Esta escucha, profunda y sagrada, es quizás el mayor don del chamán. No cura por imposición, sino por presencia. Su fuerza radica en su disponibilidad total al mundo espiritual, y en su habilidad para descifrar el lenguaje de los vientos, de las piedras, de los ojos que sufren callados. La curación que ofrece no es uniforme, ni predecible. Cada paciente es un universo. Cada alma, un misterio. Por eso, el chamán no aplica técnicas — se entrega al rito como quien entra en un bosque oscuro, confiado en que será guiado. Y cuando vuelve, trae no solo alivio, sino sentido. El dolor, incluso cuando persiste, ya no es mudo. Y eso transforma.

La verdadera curación, según el chamanismo tengriista, no está solo en "eliminar" la enfermedad, sino en restaurar el flujo de la vida. Cuando ese flujo retorna, incluso la muerte puede ser recibida con paz. Porque el alma, entonces, no está más perdida, ni fragmentada — está entera, consciente de sí, conectada a la trama sagrada que envuelve todas las cosas. El chamán, con su tambor y su canción, continúa siendo el conductor de ese retorno. Y mientras haya almas en busca de casa, su camino nunca cesará.

Capítulo 15
Tótems y Símbolos

Las estepas ondulantes, los picos nevados del Altai y los desiertos vastos de Asia Central son paisajes donde los vientos antiguos susurran secretos que no fueron olvidados, solo adormecidos. En el seno de estas tierras, los pueblos nómadas no construyeron templos de piedra, pero erigieron su espiritualidad en las líneas invisibles que unen hombre, animal, cielo y tierra. Y para dar forma a este universo espiritual, crearon símbolos – imágenes vivas, portadoras de poder. Los tótems y símbolos del tengriismo no son solo emblemas decorativos o marcas tribales: son condensaciones de sabiduría, puentes entre mundos, espejos del alma colectiva.

El tótem, en el contexto tengriista, es más que una figura sagrada. Es un ancestro vivo, una presencia espiritual que guía y protege. Cada clan, cada tribu, cada grupo familiar podía tener su animal totémico – un ser con el cual compartía virtudes, historias, destino. Los lobos, por ejemplo, ocupan un lugar central en muchos mitos fundadores. Para los turcos antiguos, el Bozkurt, el lobo gris, era el guía ancestral que los había conducido por la oscuridad hasta un nuevo valle de esperanza. El mito de Asena, la loba que dio origen a linajes turcos, es símbolo de esta unión profunda entre humano y animal. Los lobos no eran solo temidos o admirados: eran hermanos espirituales. Cuando aullaban por la noche, era oído como llamada de la sangre, recuerdo de los orígenes. Un guerrero que llevaba el lobo en su bandera o tatuado en el cuerpo no solo imitaba su coraje – evocaba la protección del espíritu totémico que había vigilado a su pueblo por generaciones. El lobo era astuto, leal al grupo, rápido y silencioso – cualidades deseadas por todos los que vivían del movimiento constante y de la vigilancia en tierras salvajes.

Otros tótems igualmente poderosos incluían el ciervo, el águila, el oso y el caballo. El ciervo, gracioso y vigilante, era visto como mensajero de los dioses y guía de almas. En algunos cuentos, es el ciervo quien aparece al chamán en sueño y lo conduce por el Árbol del Mundo. El águila, con su visión aguda y vuelo majestuoso, representaba el espíritu que todo lo ve, el puente entre lo alto y lo bajo. Era símbolo de la conexión directa con Tengri. El oso, por su parte, era la fuerza indómita, el guardián de los bosques. Entre pueblos siberianos y altaicos, el oso es muchas veces considerado el antepasado primordial, protector de los niños y curandero. Ya el caballo, compañero inseparable del nómada, es más que montura – es mediador entre mundos, transporte de almas, símbolo de la libertad y de la fidelidad.

Estos tótems no vivían solo en las historias: estaban presentes en los objetos cotidianos. Eran esculpidos en los arcos de los guerreros, bordados en los mantos ceremoniales, pintados en los tambores chamánicos. El arte chamánico, de hecho, es lenguaje simbólico puro. Cada trazo, cada espiral, cada punto en el cuero del tambor representa un nivel de la realidad, una dirección sagrada, un espíritu guardián. El tambor en sí es un microcosmos: su aro circular representa el mundo del medio; su superficie plana, el cielo visible; el fondo de cuero, el mundo inferior. Cuando el chamán toca el tambor, activa todos los planos de la existencia.

En la simbología tengriista, algunos elementos visuales aparecen repetidamente y con gran fuerza: el sol, la luna, el árbol y el círculo. El sol – Gun Ana, la Madre Sol – es vida, calor, bendición. La luna – Ay Ata, el Padre Luna – es protección nocturna, equilibrio, intuición. Ambos son considerados divinidades celestes y aparecen en cantos, banderas, colgantes. La bandera de Kirguistán, por ejemplo, lleva el sol estilizado con cuarenta rayos, referencia directa a la cosmología tengriista.

El árbol del mundo, presente en el centro de muchos dibujos chamánicos, es el eje que une los tres mundos: sus raíces tocan el inframundo, su tronco atraviesa el mundo del medio, y su copa alcanza el cielo. El círculo, por fin, representa la totalidad, el ciclo de la vida, la eternidad del cielo. Es símbolo recurrente en ornamentos de yurtas, tambores y joyas.

La claraboya redonda en la cima de las tiendas – el *tóono* mongol – es un símbolo en sí. Es por donde sube el humo del fuego sagrado. Es por donde se divisa el cielo. Es por donde entran los espíritus. El *tóono* es la pupila de la casa, el ojo que conecta el hogar al firmamento. Durante los rituales, el chamán mira hacia él cuando busca señales del cielo. Algunas tradiciones dicen que las almas de los muertos salen por allí para alcanzar el mundo celeste. Por eso, nunca se cubre el *tóono* en ciertos momentos del día.

Con el renacimiento moderno del tengriismo, nuevos símbolos comenzaron a ser creados, basados en las tradiciones antiguas. Uno de los más difundidos es el emblema que une la escritura rúnica para "Tengri", el dibujo de la apertura de la yurta y la forma del tambor chamánico. Este símbolo triple aparece en amuletos, tatuajes y banderas de movimientos tengriistas contemporáneos. Resume, en una sola imagen, los tres pilares de la espiritualidad ancestral: el cielo, la casa y el camino espiritual.

Los colores también tienen significado profundo. El azul – especialmente el azul turquesa – es el color del cielo, de la serenidad, de la verdad. Era usado en las fajas de los chamanes, en las banderas tribales, en las ropas ceremoniales. Es común ver pañuelos azules atados en árboles sagrados o sobre los ovoo. El blanco representa la pureza, la benevolencia, los espíritus luminosos – los llamados "Tengri blancos". Ya el negro es asociado a los "Tengri negros", espíritus severos o del inframundo, que también son respetados, aunque temidos. El rojo puede representar la vida, la sangre, la fuerza vital. Cada color, en cada contexto, es oración silenciosa.

Ciertos objetos se convirtieron en símbolos vivos. El tambor del chamán, por ejemplo, es un altar portátil. El bastón con campanas, usado para alejar espíritus negativos. El espejo prendido a la ropa – no por vanidad, sino como protección mágica. Amuletos con ojos de animales, piedras específicas, huesos esculpidos – todo eso son fragmentos de un alfabeto espiritual que resiste hace milenios. Un símbolo, para el tengriismo, no es cosa muerta: es un espíritu condensado. Un lobo de madera puede contener la memoria de todo un clan. Un águila dibujada en un escudo puede evocar el coraje de generaciones pasadas.

La transmisión de estos símbolos ocurre de forma oral y visual. Los niños aprenden sus formas, historias y usos desde temprano. No hay necesidad de libros: el conocimiento está en los cantos, en los ornamentos, en las manos de los más viejos. Al bordar una capa con el símbolo del sol, una abuela enseña sobre la luz que nunca cesa. Al tallar un ciervo en un bastón, un abuelo recuerda que el espíritu camina con el nieto. Es así que el simbolismo no se pierde. Vive. Circula. Renace.

Incluso en los días de hoy, en contextos urbanos, estos símbolos encuentran espacio. Jóvenes turcos tatúan el símbolo de Tengri en los brazos. Mongoles cuelgan miniaturas de ovoo en el retrovisor del coche. En ceremonias contemporáneas, nuevos objetos son consagrados como totémicos: cámaras fotográficas para chamanes modernos que registran lo invisible; micrófonos usados en rituales transmitidos en vivo por internet. El símbolo se adapta, sin perder su alma. Porque lo que lo hace sagrado no es la forma externa, sino la intención y la reverencia que lo anima.

Los tótems y símbolos del tengriismo, por lo tanto, no son ornamentos de un pasado distante. Son caminos hacia lo invisible. Son puentes entre lo ancestral y lo contemporáneo. Son recordatorios de que hay un orden mayor, una presencia que observa, un sentido que escapa a la lógica fría. En tiempos de desmemoria, son raíces. En tiempos de confusión, son brújulas. En tiempos de exilio interior, son casa.

Esta potencia simbólica no se limita a representar lo sagrado; lo convoca, lo hace presente. Cada tótem, cada trazo, cada color despierta en el individuo y en la comunidad una memoria adormecida, una llamada hacia algo que sobrepasa lo inmediato. Los símbolos tengriistas no son pasivos – actúan, abren portales internos, reorganizan el mundo íntimo. Al observar la figura de un lobo tallado, no se está solo viendo arte: se está tocando, con los ojos, el espíritu que protege, la narrativa que sustenta, la identidad que ancla. Así, el símbolo deja de ser solo imagen y se convierte en experiencia, un modo de participar de la realidad invisible.

Esta participación no es abstracta. Se da en los gestos diarios, en las elecciones, en las alianzas espirituales que cada uno firma al portar o evocar un símbolo. Elegir llevar el azul del cielo o el espejo del chamán es también asumir una postura ante el mundo – de búsqueda, de escucha, de responsabilidad. Los símbolos moldean la acción, porque recuerdan al portador quién es y a qué linaje de sabiduría pertenece. Son formas que educan silenciosamente, que susurran en lo cotidiano: "recuerda lo que te habita". Y, en este sentido, los tótems no están solo fuera – están dentro, latentes, listos para ser despertados.

Es por eso que, incluso en un tiempo en que todo parece desechable y efímero, los símbolos tengriistas continúan vivos. Resisten porque hablan directamente al alma, sin necesitar traducción. Su fuerza está en la simplicidad que atraviesa el tiempo, en la belleza que aún reverbera en las manos de quien dibuja, borda o erige un ovoo en lo alto de una colina. Cada símbolo es una invitación al reencuentro – con los ancestros, con la naturaleza, con el propio espíritu. Y donde hay reencuentro, hay camino. Y donde hay camino, incluso en el más árido de los paisajes, el alma encuentra dirección.

Capítulo 16
Lugares Sagrados

En un mundo donde el paisaje es más que telón de fondo, donde cada cumbre guarda un espíritu, cada río tiene una voz, y cada claro esconde una presencia, el concepto de lugar sagrado gana una densidad que va más allá de la metáfora. En el tengriismo, los lugares no son solo espacios geográficos – son seres. Seres antiguos, conscientes, que respiran y observan. Cada monte, cada fuente, cada árbol singular es una entidad viva que participa de la red espiritual que une el Cielo, la Tierra y el ser humano. Los lugares sagrados no son elegidos arbitrariamente: se revelan. Y los antiguos sabían escucharlos.

Lo que define la sacralidad de un lugar, entonces, no es la construcción humana sobre él, sino su naturaleza intrínseca. Un monte solitario en el horizonte puede convertirse en el punto donde el cielo toca la tierra. Un manantial límpido puede ser la boca por donde la Madre Tierra susurra. Y cuando los hombres reconocen estos puntos, no los dominan – los veneran. El respeto no se expresa en destrucción o explotación, sino en silencio, ofrenda y presencia atenta.

En Mongolia, una de esas montañas sagradas es Burkhan Khaldun, situada en la provincia de Khentii. Su nombre, que puede traducirse como "Montaña Sagrada del Dios", está entrelazado con la historia más simbólica del pueblo mongol: Gengis Kan, según las leyendas, allí nació y allí rezó innumerables veces. Él mismo habría declarado la montaña como guardiana de su linaje y allí pidió auxilio a Tengri antes de sus grandes campañas. Desde entonces, Burkhan Khaldun es no solo un hito geográfico, sino un pilar espiritual. Mongoles aún hoy suben sus flancos en peregrinación, no con intenciones turísticas, sino para escuchar los ecos de los ancestros y prestar tributo al Cielo.

Otro pico reverenciado es el Khan Tengri, situado entre Kazajistán y Kirguistán. Su nombre ya denuncia su naturaleza: "Kan del Cielo" o "Señor Celestial". Se trata de una de las montañas más altas de la cordillera Tian Shan y, por su forma piramidal perfecta y nieve eterna, fue desde la antigüedad identificada como morada de seres superiores. Pueblos que habitaban alrededor jamás subían sus cumbres sin propósito ceremonial. Los vientos allí son considerados mensajeros. Y cuando la neblina cubre la cumbre, dicen que Tengri está en consejo con los espíritus.

Pero no solo las grandes montañas poseen sacralidad. Muchos de los lugares sagrados son modestos en apariencia: un árbol que creció aislado en medio de la estepa, una cueva escondida entre rocas, un lago circular con aguas inmóviles. Lo que los hace especiales no es su imponencia, sino las señales. La presencia de animales que allí no se muestran en otros lugares. El comportamiento anómalo del viento. La sensación de que algo allí está observando, probando, esperando.

Para marcar estos puntos de poder, los pueblos nómadas crearon los ovoo (en mongol) u oboo (en turco). Se trata de montones de piedras o madera erigidos en puntos específicos – cimas de colinas, pasos entre montañas, cruces de caminos. Cada ovoo es un altar a cielo abierto. En él se depositan ofrendas: piedras traídas de lejos, pedazos de tela azul turquesa, botellas de vodka o leche, monedas, pequeñas esculturas. Al pasar por un ovoo, los viajeros se detienen, caminan tres veces alrededor en sentido horario y hacen su oración. Es un gesto de continuidad espiritual: de que el viaje físico es también un viaje cósmico.

Los ovoo no son simples monumentos. Son portales. Allí, las plegarias suben. Allí, los espíritus descienden. Durante rituales, el chamán puede convocar a los ancestros para "sentarse" sobre el ovoo y escuchar al clan. Algunas familias tienen su ovoo propio. Otras comparten ovoos tribales. En grandes festivales, los ovoos son adornados con nuevos paños, limpiados de detritos, y reactivados con cantos y humo de enebro. Hay ovoos tan antiguos que sus capas cuentan la historia de la propia tribu – cada piedra, una generación; cada lazo, una promesa hecha al Cielo.

Fuentes de agua también son profundamente respetadas. Manantiales y ríos no son meros recursos – son seres. Cada fuente tiene su espíritu, su "iye". Ofenderlo – orinando allí, arrojando basura, desviando el agua sin permiso – es considerado falta gravísima. Los chamanes a veces van hasta esas aguas para recibir visiones. Y antes de grandes decisiones, muchos se sumergen o beben de esas fuentes, pidiendo claridad y bendición. Hay manantiales específicos para fertilidad, otros para curación, otros para inspiración poética. En algunos valles, hay piedras que "lloran" agua – y esas lágrimas de la tierra son vistas como lágrimas de la Madre.

Bosques también albergan lugares sagrados. Áreas donde los sonidos parecen apagarse, donde la luz penetra de forma diferente. Allí viven espíritus antiguos, guardianes de la vida vegetal y animal. Algunos árboles son considerados morada de estos seres – especialmente los más antiguos, tortuosos, solitarios. En torno a ellos se atan fajas de tela, se dejan alimentos o se entonan cánticos. Cortar uno de esos árboles sin permiso es llamar a la desgracia sobre sí. En muchos casos, un chamán necesita interceder para "calmar" al espíritu ofendido.

Hay también las grutas y cuevas, asociadas al inframundo. No son evitadas por miedo, sino por respeto. Entrar en una cueva es atravesar el vientre de la tierra. Antes de adentrarse, es costumbre encender una llama, ofrecer tabaco o miel, y pedir permiso. Algunas de esas cuevas son lugares de iniciación chamánica. Allí, el aprendiz pasa días en ayuno, escuchando lo que las piedras tienen que decir. Cuando emerge, renacido, ya no es el mismo.

El espacio también es sagrado en las tiendas y hogares nómadas. El centro de la yurta – donde está el fuego – es el corazón espiritual de la casa. Alrededor de él se organiza no solo el mobiliario, sino el propio flujo de la vida. Es allí que se hacen las plegarias, se escuchan a los más viejos, se honran a los muertos. Por eso, los recién nacidos son presentados al fuego, y los moribundos son colocados cerca de él. El fuego es testigo de todo.

Con la modernidad y la urbanización, muchos de estos lugares sagrados fueron amenazados, olvidados o adulterados. Pero el renacimiento del tengriismo trajo un movimiento contrario: el de redescubrir, restaurar y reconsagrar estos lugares. Se han organizado peregrinaciones a antiguos santuarios. Grupos espirituales reconstruyen ovoos destruidos. Estudiosos identifican montes mencionados en leyendas y los devuelven al pueblo. Hay una geografía espiritual siendo reerguida, piedra por piedra.

Incluso quien vive lejos de las estepas puede crear un lugar sagrado. Un rincón en el patio donde se planta algo con intención. Una piedra traída de una montaña que resuena algo profundo. Un altar improvisado con símbolos que unen al Cielo. El lugar sagrado es menos sobre dónde está en el mapa, y más sobre lo que se siente allí. Es donde el corazón silencia, donde el alma escucha, donde el tiempo cambia.

Los lugares sagrados, por lo tanto, no son solamente herencias del paisaje ancestral – son territorios vivos que siguen pulsando en la memoria espiritual de aquellos que todavía saben escuchar la tierra. Al ser visitados con reverencia, estos lugares no solo ofrecen visiones y bendiciones: recuerdan al ser humano su papel dentro del orden del mundo. Cada ovoo reerguido, cada manantial respetado, cada piedra ofrecida es un vínculo reatado en la cadena sutil entre lo visible y lo invisible.

La sacralidad no reside en el espacio físico en sí, sino en el modo como el ser humano se coloca ante él: con humildad, con escucha, con reciprocidad. Esta relación entre lugar y espíritu transforma la experiencia de la geografía en algo profundamente ético. Estar en un lugar sagrado es también ser observado por él. El viajero, el peregrino o incluso el habitante común se convierte en parte del rito, parte del paisaje vivo. Al reconocer que el monte, el río o el árbol también tienen memoria y presencia, se disuelve la lógica de posesión y se firma la de convivencia. En el mundo tengriista, caminar por la tierra es caminar entre consciencias. Y por eso, cada paso debe ser dado con respeto. El territorio no es inerte – es interlocutor.

Es esta escucha restaurada la que permite que los lugares sagrados continúen existiendo, incluso fuera de su tierra natal. Un balcón silencioso puede convertirse en punto de reconexión. Una piedra traída con cuidado puede servir como ancla del espíritu. En tiempos de dispersión y exilio interior, crear y reconocer lugares sagrados es un acto de curación. Un gesto de memoria. Porque donde hay intención verdadera, donde hay silencio atento y presencia viva, allí también mora lo sagrado. Y, una vez encontrado, ese lugar no se olvida más – permanece, a la espera, como un viejo amigo que nunca dejó de llamar.

Capítulo 17
Sincretismo Budista

El cielo azul que cubre Mongolia vio más que nubes pasajeras y rebaños en movimiento. Vio la fusión silenciosa de mundos religiosos, vio el encuentro de antiguos chamanes con nuevos lamas, vio espíritus de la estepa sentarse lado a lado con bodhisattvas del Himalaya. Este encuentro no fue una colisión, sino un entrelazamiento. El sincretismo entre el tengriismo y el budismo lamaísta no disolvió una fe en la otra – creó un tapiz espiritual donde hilos chamánicos y budistas se entrecruzaron, cada uno manteniendo su color, pero componiendo un tejido común.

Cuando el budismo llegó a Mongolia en el siglo XVI, traído por la influencia tibetana y reforzado por la política de pacificación interna, encontró un terreno fértil, pero ya habitado por una religión ancestral poderosa. Los mongoles no eran extraños a la idea de un Cielo Supremo, de espíritus invisibles, de peregrinaciones sagradas. El tengriismo estaba arraigado no solo en las prácticas rituales, sino en la cosmovisión, en las historias contadas alrededor del fuego, en las decisiones de los kanes. Por lo tanto, el budismo no se impuso por la fuerza, sino por el diálogo, muchas veces mediado por figuras híbridas – chamanes que también eran monjes, lamas que respetaban los ovoo.

Este proceso dio origen al llamado "chamanismo amarillo", una práctica religiosa que mezclaba preceptos budistas con ritos chamánicos tradicionales. El color amarillo, símbolo del budismo tibetano, tiñó muchos aspectos de la vida espiritual mongola, pero sin borrar el azul celeste de Tengri. Muchas ceremonias pasaron a incluir tanto la recitación de mantras como el uso del tambor chamánico. Los espíritus de la naturaleza continuaron siendo invocados, pero sus nombres a veces se transformaron en epítetos budistas. Las ofrendas a los ancestros persistieron, pero pasaron a ser acompañadas de inciensos e imágenes de deidades budistas.

Esta convivencia fue facilitada por una percepción mongola muy particular: para muchos practicantes, no había conflicto entre creer en Tengri y reverenciar a Buda. Uno era el Cielo Eterno, principio cósmico omnipresente; el otro, un maestro iluminado que enseñaba el camino de la liberación. El Cielo no excluía a Buda. Por el contrario, abría espacio para él. Así, la espiritualidad popular se moldeó a la idea de que hay múltiples caminos bajo el mismo cielo – y que todos los seres iluminados, ya sean chamanes o budas, en última instancia, sirven a la armonía cósmica deseada por Tengri.

La figura de Gengis Kan fue uno de los puntos centrales de este sincretismo. Ya venerado como ancestro y héroe espiritual por los tengriistas, pasó a ser reinterpretado dentro de la tradición budista como una especie de dharmapala – un protector del dharma, fuerza que, aunque guerrera, estaba alineada con el orden cósmico. Hay registros de templos donde Gengis es representado al lado de deidades budistas, recibiendo ofrendas como un espíritu ancestral elevado. En las narrativas populares, es visto como alguien que actuó con la bendición del Cielo Eterno, pero también con la sabiduría de un bodhisattva guerrero.

Esta mezcla ganó forma no solo en los rituales, sino también en el arte sacro. Thangkas pintadas en estilo tibetano pasaron a incluir elementos chamánicos – árboles del mundo, animales totémicos, montes sagrados. Algunas representaciones de deidades budistas fueron reinterpretadas de forma chamánica: Tara Verde, por ejemplo, fue asociada a la diosa Umay; Padmasambhava, maestro tántrico, era visto como un "chamán iluminado" que dominaba a los espíritus. Esta reinterpretación no fue impuesta por doctrinas, sino que brotó de la experiencia vivida del pueblo, de la necesidad de dar sentido a lo nuevo sin abandonar lo antiguo.

En el campo ritual, el sincretismo produjo fórmulas fascinantes. Un ovoo podía ser consagrado con plegarias budistas, pero recibir ofrendas chamánicas – leche, piedras, paños coloridos. Los lamas recitaban sutras en eventos que comenzaban con invocaciones a los ancestros. En algunas ocasiones, los propios lamas consultaban a chamanes para diagnósticos espirituales o curaciones. Había una especie de reconocimiento mutuo: el chamán mediaba con los espíritus, el lama con los textos y los preceptos. Ambos lidiaban con lo invisible, cada uno a su manera.

En el interior de Mongolia, lejos de los centros urbanos, muchas familias mantuvieron una espiritualidad dual. Visitaban monasterios budistas para recibir bendiciones, pero aún llamaban a chamanes para ritos de curación o protección de la casa. Durante generaciones, el budismo y el tengriismo coexistieron en los altares domésticos: una estatua de Buda al lado de un tambor chamánico; un rosario de oración junto a un talismán hecho de hueso o piedra. No se veía incoherencia en ello – se veía continuidad.

Hubo, naturalmente, tensiones. Algunos lamas procuraron borrar las prácticas chamánicas, tachándolas de superstición. Hubo intentos de "purificación" de la fe, especialmente en períodos de mayor institucionalización del budismo. Pero el tengriismo sobrevivió en las entrelíneas, en los gestos cotidianos, en las plegarias murmuradas en voz baja. Y en tiempos de represión política – como durante el régimen comunista – fue el chamanismo, muchas veces, el que mantuvo viva la espiritualidad popular, escondido en las canciones, en las leyendas, en las prácticas disfrazadas de tradición familiar.

Hoy, con el renacimiento de las tradiciones espirituales en Mongolia y en otras regiones de Asia Central, este sincretismo es visto con nuevos ojos. Para muchos jóvenes mongoles, practicar el tengriismo no significa rechazar el budismo – significa recuperar una parte olvidada de su identidad. En festivales modernos, es común ver ceremonias que combinan elementos de ambas tradiciones. Hay incluso iniciativas interespirituales que buscan revivir el "chamanismo amarillo" con consciencia contemporánea, uniendo prácticas ancestrales con valores modernos de respeto a la diversidad espiritual.

En el campo académico, estudiosos como Baatarjav, Nyam-Osor y otros vienen investigando la interfaz entre tengriismo y budismo, mostrando cómo el sincretismo moldeó no solo rituales, sino cosmovisiones, formas de gobierno y ética cotidiana. Se descubrió que muchas enseñanzas morales tradicionales – como el respeto a los ancianos, la compasión por los animales, la búsqueda de equilibrio – son sustentadas por este encuentro religioso y no por la imposición de una única doctrina.

Este sincretismo es, por lo tanto, más que una fusión religiosa. Es una respuesta adaptativa, una forma de supervivencia cultural. Es la prueba de que una tradición viva no se quiebra ante lo nuevo – se dobla, se moldea, incorpora, transforma. El tengriismo, con su flexibilidad espiritual, permitió que el budismo floreciera sin aniquilar las raíces ancestrales. Y el budismo, con su profundidad filosófica, ofreció al tengriismo un nuevo lenguaje para expresarse.

La supervivencia simbiótica entre tengriismo y budismo en Mongolia también revela una verdad más amplia sobre la espiritualidad humana: la fe no es una entidad fija, sino un organismo vivo que respira al ritmo de las transformaciones culturales. En el escenario mongol, esta espiritualidad moldeable generó no solo prácticas religiosas, sino también modos de estar en el mundo. Los niños que crecían oyendo historias sobre espíritus ancestrales también aprendían sobre los méritos de la compasión budista. Los rituales de curación no se limitaban al cuerpo, sino que alcanzaban el alma, por medio de símbolos que cruzaban las fronteras entre cielo y enseñanza, entre tambor y sutra, entre humo e iluminación.

Además, el sincretismo mongol rompió con la visión binaria de lo sagrado como algo exclusivo o jerarquizado. En vez de crear una nueva ortodoxia, permitió una convivencia múltiple, donde la fuerza del tambor chamánico resonaba sin contradecir el silencio meditativo de los monasterios. Esto generó una religiosidad que нe se cerraba en dogmas, sino que se abría en capas, adaptándose a las estaciones de la vida y a las exigencias del espíritu. Incluso aquellos que se aproximaban más al budismo filosófico llevaban, muchas veces inconscientemente, los gestos arcaicos del tengriismo – como la reverencia a las montañas, los rituales con leche, el respeto por el ciclo de la naturaleza. Cada gesto era un puente entre mundos.

Lo que permanece, más que cualquier doctrina, es la capacidad del pueblo mongol de preservar sentido en los pliegues de la historia. Entre los vientos de la estepa y el silencio de los monasterios, entre el fuego del tambor y el brillo de las ruedas de oración, se creó una espiritualidad tejida de continuidad y transformación. Ese es el legado invisible del sincretismo: no la fusión que borra los márgenes, sino el entrelazamiento que los respeta. Un hilo antiguo que sigue pulsando bajo nuevas formas, recordando que el alma de un pueblo, así como el cielo azul de su tierra, es vasta lo suficiente para acoger muchas luces.

Capítulo 18
Resistencia Ancestral

Las nubes pasajeras de la estepa cargan más que viento y polvo: traen en sí memorias ancestrales, ecos de rezos susurrados contra el olvido. El tengriismo, perseguido, encubierto por velos de otras religiones y borrado de libros oficiales, no desapareció. Se escondió. Abandonó los centros y se recogió en los valles profundos del alma nómada. Atravesó siglos en silencio, velado por las canciones que los chamanes enseñaban a los nietos antes de morir, preservado en los gestos simples como arrojar leche al cielo o encender el fuego del hogar con reverencia. Esa fue la resistencia de los que se rehusaron a olvidar quiénes eran, aunque no pudieran más decir su nombre en voz alta.

En el norte de Mongolia, donde los vientos silban entre las colinas y el ganado camina libre bajo el azul profundo, surgió lo que los estudiosos llaman "chamanismo negro". Diferente del "chamanismo amarillo", permeado por la influencia budista, el negro guardaba lo que era anterior, lo que era puro. Sus practicantes, generalmente cazadores, pastores y familias distantes de las ciudades, mantenían vivos los antiguos ritos en secreto. Era un saber pasado de boca en boca, sin documentos, sin monjes, sin templos. El conocimiento estaba en los huesos, en los sueños, en los cantos de la madrugada. Y así, durante siglos, estos grupos sustentaron la espiritualidad de la estepa contra las mareas civilizatorias que intentaban ahogarla.

Pero Mongolia no fue el único escenario de esta resistencia. En Siberia, la brutalidad del imperio zarista y, después, el terror sistemático de la era soviética hicieron del tengriismo una práctica clandestina. Pueblos como los yakutos, los buriatos, los tuvinos y otros escondieron su fe bajo símbolos cristianos, adoptando santos que secretamente correspondían a antiguos dioses o espíritus. Cuando los misioneros preguntaban quién era aquel espíritu que protegían, respondían con un nombre aceptable para la Iglesia Ortodoxa. Pero en los corazones, sabían que se trataba de Ayı, o del espíritu del bosque, o del alma del abuelo que se convirtió en oso después de muerto. Este camuflaje espiritual no borró el culto – solo lo vistió con nuevas ropas.

Durante los años más sombríos del régimen soviético, en la década de 1930, el tengriismo fue duramente perseguido. Chamanes eran capturados, torturados, llevados a campos de trabajo. Sus tambores, considerados instrumentos de superstición y subversión, eran quemados en plazas públicas. Los que sobrevivieron aprendieron a callar. Pero no todos callaron completamente. En cabañas de madera, a orillas de ríos congelados, todavía se danzaba alrededor del fuego, todavía se contaba la historia del Árbol del Mundo, todavía se enseñaba a los niños que el cielo no es solo cielo, sino un padre invisible que todo lo ve.

La represión comunista fue violenta, pero no omnipotente. Mujeres viejas guardaron las plegarias en canciones de cuna. Hombres jóvenes escuchaban los susurros de las estrellas al cabalgar solos por las llanuras. Incluso cuando ya no había cómo realizar los rituales abiertamente, el espíritu de resistencia permanecía en el lenguaje, en los símbolos, en los cuentos que nunca dejaron de ser contados. Esa es la naturaleza del tengriismo: se arraiga, no necesita altares ni doctrinas. Está en los huesos de la tierra y en el aliento del pueblo.

En el sur del imperio, entre los kazajos y kirguises, el islamismo se expandió, trayendo consigo el libro, la mezquita, la ley. Pero no se llevó los antiguos rituales. Solo se transformaron. El sacrificio de animales permaneció, pero ganó el nombre de ofrenda islámica. Los santuarios tribales continuaron siendo visitados, ahora bajo el nombre de "mazar". El linaje de los antepasados era venerado no ya como parte del tengriismo, sino como una tradición cultural respetable. El puente fue el sufismo – un islamismo místico, abierto al éxtasis, a la visión directa, a la reverencia poética a lo divino. Allí, Tengri y Alá pudieron coexistir por un tiempo. Hombres como Ahmad Yasawi trajeron esta fusión a la luz, usando términos nómadas e imágenes de la estepa para hablar de Dios. Los hijos del cielo azul pasaron a pronunciar el nombre del Profeta, pero todavía alzaban los ojos hacia la misma vastedad silenciosa donde siempre habían buscado orientación.

En la épica de los kirguises, llamada "Manas", se nota el entrelazamiento. Se habla de Alá, es verdad.

Pero los héroes aún conversan con los espíritus, aún reciben visiones, aún viven según los presagios de los animales y de los sueños. La presencia de Tengri no es borrada – solo renombrada. En las entrelíneas, el viejo cielo permanece.

Esto muestra que la resistencia no fue siempre combativa, a veces fue estratégica. El tengriismo supo sobrevivir como agua subterránea, desviándose de los obstáculos, infiltrándose bajo los cimientos de las religiones dominantes, aguardando el momento de resurgir. Y ese momento llegó. A fines del siglo XX, tras el colapso de la URSS, lo que estaba escondido comenzó a emerger con fuerza inesperada. Los sobrevivientes – descendientes de los chamanes asesinados, nietos de los viejos que aún arrojaban leche al cielo en secreto – comenzaron a organizarse. Se reunieron en plazas, fundaron centros espirituales, reconstruyeron ovoos destruidos. La vergüenza dio lugar al orgullo. Aquello que por décadas fue motivo de persecución se convirtió en bandera identitaria.

En Ulán Bator, la capital de Mongolia, chamanes pasaron a atender personas públicamente. En Tuva, los cantos guturales volvieron a resonar en los festivales. En Yakutia, los rituales del solsticio ganaron estatus de celebraciones culturales oficiales.

Pero no fue una vuelta simple. La larga represión dejó marcas profundas. Muchos rituales fueron parcialmente olvidados, y hubo necesidad de reconstrucción basada en fragmentos, leyendas, observaciones antropológicas. La autenticidad fue puesta en cuestión: ¿qué es tradición y qué es reconstrucción? Para algunos, eso poco importa. Lo importante es que el espíritu ancestral esté vivo, aunque con nuevas formas. Para otros, es necesario distinguir lo antiguo de la invención moderna. En medio de este debate, el tengriismo contemporáneo se forma – híbrido, mutante, pero aún portador de una llama antigua que se rehusó a apagar.

Esa llama no arde solo en las estepas. Hoy, enciende corazones en centros urbanos, entre jóvenes que nunca conocieron el nomadismo, pero sienten en su interior una llamada que no viene de los libros ni de las iglesias. Una llamada que viene del cielo abierto, del recuerdo difuso de que un día sus ancestros cabalgaban libres bajo estrellas inmensas, respondiendo solo al Cielo Eterno. Es ese sentimiento – de libertad, de pertenencia cósmica, de dignidad espiritual – lo que los mueve a retomar rituales, a cantar antiguos nombres, a preguntar a las abuelas lo que nunca fue dicho.

Esta resistencia ancestral, por lo tanto, no es solo una reacción al pasado opresor. Es también una propuesta para el futuro. Muestra que hay formas de vivir que no se doblan al tiempo. Que la fe no necesita templos ni dogmas – basta un tambor, una piedra apilada con respeto, un soplo lanzado al viento con sinceridad. El tengriismo sobrevivió porque su esencia está en lo invisible, en lo no dicho, en lo transmitido por gestos y silencios. Sobrevivió porque está en la sangre de aquellos que nunca dejaron de escuchar al cielo.

En los últimos años, este redescubrimiento espiritual se ha manifestado no solo como retorno a lo sagrado, sino también como crítica velada a la homogeneización cultural impuesta por la modernidad. En una era de consumo veloz y espiritualidad enlatada, el resurgimiento del tengriismo ofrece una alternativa radicalmente arraigada: vivir en sintonía con los ciclos de la tierra, honrar a los muertos con silencio y fuego, aceptar que lo invisible también es parte de lo real. Para muchos jóvenes, reencontrar el espíritu de Tengri es también rechazar la lógica de las grandes religiones centralizadas, y apostar por una espiritualidad vivida en el cuerpo, en el paisaje, en la memoria colectiva de un pueblo que nunca se arrodilló completamente.

Esta espiritualidad reconstruida — a veces fragmentada, a veces reinventada — no busca solo restaurar el pasado, sino crear nuevas formas de pertenencia. Entre los pueblos de las estepas y montañas, emergen redes de conexión espiritual que mezclan tradiciones orales con tecnologías modernas, llamamientos ancestrales con lenguajes actuales. La resistencia, ahora, también se hace por medio de documentales, festivales interculturales, arte contemporáneo y músicas que resuenan tambores antiguos en escenarios urbanos. Este movimiento no es un intento de retorno a lo que fue, sino de continuación. Una continuidad reinventada, sin miedo a la contradicción, pero fiel a la pulsación antigua que aún resuena en los vientos del norte.

Y quizás sea esa la mayor victoria de los que resistieron en silencio: ver su legado florecer, no como pieza de museo, sino como fuerza viva. El tengriismo no necesitó vencer guerras ni escribir escrituras sagradas. Bastó permanecer — en secreto, en los gestos, en las cenizas del hogar. Y ahora, con ojos vueltos hacia el cielo, una nueva generación escucha de nuevo la llamada de lo invisible, no como nostalgia, sino como dirección. Porque donde haya respeto a la tierra, escucha a los ancestros y reverencia al cielo, allí el espíritu de Tengri jamás habrá muerto.

Capítulo 19
Tengri e Islam

Entre los cielos abiertos de las estepas y los minaretes de las mezquitas que se erigen en el horizonte, hubo un tiempo en que dos mundos espirituales se encontraron. De un lado, el antiguo tengriismo – culto al Cielo Eterno, a los espíritus de la naturaleza, a los ancestros. De otro, el Islam – con su Dios único, revelaciones escritas y rituales definidos. Esta convergencia no ocurrió por imposición abrupta ni por conversión forzada en masa, sino por un proceso sutil y continuo de sincretismo, donde los conceptos del cielo azul y del Dios invisible comenzaron a reflejarse mutuamente.

El corazón espiritual de los pueblos túrquicos, por siglos, estuvo afirmado en la idea de Tengri. El Cielo, con su vastedad silenciosa y su justicia invisible, era más que una divinidad – era el principio ordenador del cosmos, el padre que veía todo. Cuando los primeros misioneros musulmanes llegaron a las regiones de las estepas entre los siglos VIII y X, encontraron tribus que ya creían en un único Dios celestial, aunque con prácticas politeístas asociadas a los espíritus de la tierra y a los ancestros. Esto facilitó un diálogo religioso que, en lugar de destruir las antiguas creencias, pasó a asimilarlas bajo nuevos nombres.

Los sufíes, en especial, fueron fundamentales en este encuentro. Hombres como Ahmad Yasawi, poeta, místico y predicador del siglo XII, hablaron de Alá con el lenguaje de los nómadas. En sus versos, Alá es al mismo tiempo el Creador y el Cielo, fuente de luz y destino. Yasawi usaba imágenes de las montañas, de los ríos, de las águilas – símbolos profundamente tengriistas – para explicar la unicidad de Dios. Esta adaptación no era un artificio: era la expresión natural de un hombre que reconocía en su propio corazón tanto la sabiduría del Islam como la reverencia ancestral al cielo y a la tierra.

No por casualidad, muchos términos islámicos fueron moldeados a semejanza de las palabras nativas. En lugar de "Allah", los turcos pasaron a usar "Tanrı" – una traducción directa de Tengri, que hasta hoy resuena en las lenguas de Kazajistán, Turkmenistán y Turquía. Expresiones como "Tanrı Türkü Korusun" ("Que Dios proteja a los turcos") son comunes en contextos nacionalistas, pero cargan también el eco de un pasado espiritual más antiguo. En las oraciones del día a día, incluso musulmanes practicantes pueden referirse a Dios con nombres de raíces tengriistas, manteniendo así un puente invisible entre el Islam y su herencia preislámica.

Durante la Edad Media, cronistas y viajeros musulmanes notaron con perplejidad y, a veces, reprobación, cómo los pueblos turcos combinaban devoción islámica con costumbres ancestrales. Mahmud al-Kashgari, por ejemplo, escribió que los turcos se inclinaban ante montañas, árboles y otros elementos naturales – prácticas que él consideraba heréticas, pero que mostraban la persistencia del animismo tengriista incluso entre los convertidos. Para los túrquicos, no había necesariamente contradicción: el Cielo, la Montaña, el Viento – todos eran expresiones del mismo Dios, solo manifestado de formas distintas.

En los siglos que siguieron, el Islam se estableció como religión dominante entre los pueblos túrquicos de Asia Central, pero jamás borró completamente el culto al Cielo Eterno. Tribus kazajas, kirguises, karakalpakas y otras mantuvieron sus ovoos, los montones de piedras sagrados donde hacían ofrendas, incluso después de la construcción de mezquitas. Los ritos de sacrificio animal, comunes en la estepa, continuaron realizándose en nombre de Alá, pero los lugares y las formas del ritual aún remitían al pasado tengriista.

En fiestas como el Nauryz – el Año Nuevo de la estepa, celebrado en el equinoccio de primavera –, es común encontrar elementos que no derivan del Corán, sino de antiguos cultos solares y de la fertilidad. Durante esos días, familias enteras visitan lugares sagrados, se lavan en ríos, hacen ofrendas a la tierra y a los ancestros, piden bendiciones al cielo. Muchos consideran estas acciones solo parte de la "cultura nacional", pero su raíz es claramente espiritual, nacida de los tiempos en que el cielo era el único templo.

El lenguaje del Islam, con sus referencias al cielo como morada de Dios, facilitó la fusión simbólica. Así como el Corán habla del Trono de Dios sobre las siete capas celestes, el tengriismo describe siete cielos donde residen los espíritus elevados. Así como el Islam valora el ayuno, la oración y la purificación, el tengriismo enseña la moderación, la reverencia y la limpieza ritual – no como mandamientos, sino como formas de alinear al ser humano con el cosmos. La correspondencia entre prácticas y valores permitió una convivencia más fluida que la que se ve en otras religiones rivales.

Aun así, hubo tensiones. Con el avance de las escuelas islámicas ortodoxas y de las autoridades religiosas organizadas, especialmente a partir del siglo XVI, muchos elementos tengriistas pasaron a ser vistos como superstición o herejía. Los ulemas condenaron la consulta a chamanes, la veneración de ovoos, la creencia en múltiples almas y la práctica de adivinación – pilares centrales del tengriismo. A pesar de eso, la fe popular continuó practicando tales costumbres, aunque discretamente, lejos de los ojos de los clérigos.

En tiempos modernos, el resurgimiento del tengriismo provocó reacciones diversas entre los musulmanes. En algunos países, como Kazajistán y Kirguistán, hay una coexistencia relativamente pacífica. Es común que una misma persona participe en una ceremonia tengriista un fin de semana y vaya a la mezquita el viernes. Para muchos, no se trata de dos religiones opuestas, sino de dos lenguajes espirituales complementarios: uno habla al cielo de adentro hacia afuera, otro de afuera hacia adentro. Uno es colectivo, público y escrito; el otro es íntimo, silencioso y basado en la experiencia.

En el plano político, líderes nacionalistas usaron el tengriismo como símbolo identitario, contraponiéndolo al Islam como una religión extranjera, traída de Oriente Medio. Figuras como Ziya Gökalp, en Turquía, y otros ideólogos panturquistas intentaron resucitar la antigua fe como una marca de pureza cultural, en un esfuerzo por fortalecer el orgullo étnico y la unidad de los pueblos túrquicos. Esta instrumentalización generó tensiones con movimientos islámicos más conservadores, que veían el tengriismo como paganismo disfrazado.

Pero entre el pueblo común, la realidad es más compleja y serena. El viejo cielo azul aún es saludado en canciones populares. Las madres aún enseñan a los niños que deben respetar la naturaleza, pues "Tengri ve todo". Los pastores aún hacen ofrendas de leche al suelo antes de partir hacia los pastizales. Y, al mismo tiempo, recitan las suras del Corán y piden la bendición de Alá. Esta convivencia sincrética es el verdadero legado de la fusión entre el tengriismo y el Islam – no una fusión completa, sino un diálogo continuo, un reflejo del modo túrquico de ver el mundo como un todo, no como una dualidad irreconciliable.

Al mirar esta larga convivencia entre Tengri y Alá, se percibe que lo esencial nunca fue la uniformidad de las creencias, sino la capacidad de un pueblo de integrar visiones sin traicionar sus raíces. El túrquico espiritual no vive la tensión de un dilema teológico – vive la fluidez de una cosmovisión que acepta que lo sagrado puede hablar varias lenguas. Entre la postración ante el mihrab y el gesto de lanzar leche al suelo, no hay conflicto, hay continuidad. El Cielo Eterno y el Dios único se convierten en caras de una misma búsqueda:

encontrar en lo invisible el orden que rige la vida, honrar lo que vino antes y lo que aún está por venir.

Esta armonía posible desafía los moldes rígidos de las doctrinas que intentan controlar la fe como quien cerca el viento. El pueblo de la estepa sabe que el cielo no puede ser dividido en parcelas. Por eso, la espiritualidad túrquica resiste a las simplificaciones y permanece vasta como el horizonte. Incluso en las sociedades urbanas contemporáneas, este modo de creer se refleja en la manera como se marca el tiempo, como se trata la tierra, como se recuerda a los muertos. Es una religión de los márgenes, que не encaja en templos ni en ortodoxias, pero que vive – entera – en los gestos cotidianos y en las pausas silenciosas en medio de la naturaleza.

Porque, al fin, lo que permanece no es la disputa entre creencias, sino el eco de un pueblo que nunca dejó de escuchar al cielo. Las palabras pueden cambiar, los ritos pueden adaptarse, pero el impulso de levantar los ojos en busca de sentido continúa siendo el mismo. El Islam pudo haber dado un nombre nuevo a la fe, pero fue el espíritu de Tengri el que enseñó al pueblo a escuchar el silencio entre las palabras. Y es en ese espacio – entre el Corán y el viento de la estepa, entre la mezquita y el ovoo – donde aún pulsa el alma de un pueblo que nunca vio contradicción en venerar tanto el cielo como al Dios que de él habla.

Capítulo 20
Tengri y Cristianismo

Cuando los vientos de las estepas encontraron las cruces de Occidente, un nuevo capítulo comenzó a escribirse en la interacción entre el tengriismo y las grandes religiones mundiales. Entre las arenas del desierto de Asia Central y las campanas de las iglesias de Europa, los caminos del Cielo Eterno y del Dios cristiano se entrelazaron de forma sorprendente. El Imperio Mongol, con su vastedad y diversidad, se convirtió en el escenario de esta aproximación improbable. Más que un encuentro de creencias, se trató de un ejercicio de interpretación mutua, donde las categorías de fe, poder e identidad se reorganizaron bajo la égida de Tengri.

En los siglos XIII y XIV, mientras las legiones mongolas se expandían desde Manchuria hasta Hungría, sus líderes demostraron una flexibilidad religiosa sin precedentes. Esta tolerancia no era solo pragmática, sino que reflejaba una visión cosmogónica inclusiva. Para un mongol tradicional, todas las religiones hablaban de diferentes aspectos del mismo Cielo supremo. Los nombres cambiaban, los rituales variaban, pero el principio eterno – el Cielo Azul, omnisciente y justo – era universal. Esta convicción permitió que figuras como Gengis Kan, Kublai Kan y Hulagu Kan dialogaran con cristianos, musulmanes y budistas sin abdicar de la autoridad conferida por Tengri.

Las relaciones diplomáticas con reinos cristianos, especialmente con Francia, los Estados cruzados y el Imperio Bizantino, revelan mucho sobre esta interfaz religiosa. En cartas enviadas por Hulagu Kan al rey Luis IX y otros monarcas cristianos, el Cielo Eterno es mencionado repetidamente como la fuente del poder mongol. El propio Gengis Kan era descrito como el elegido de Tengri, el "señor de las naciones" instituido por voluntad divina. En estas misivas, el Dios cristiano no es negado – es incorporado. Jesucristo es llamado "Misica Tengrin", es decir, el Mesías de Tengri, una encarnación del Cielo vivo.

Esta apropiación simbólica no visaba sincretismo en el sentido moderno, sino que reflejaba la lógica espiritual mongola. Para ellos, Cristo era un espíritu sagrado enviado por el mismo Cielo que guiaba a los chamanes de las estepas. Así como el buda o el profeta musulmán, era reconocido como portador de una chispa del Eterno. Esta visión permitió que el cristianismo no fuera visto como herejía, sino como una de las muchas manifestaciones legítimas de la voluntad celeste. La fe no era una competición de doctrinas, sino una red de caminos que llevaban al mismo firmamento absoluto.

Diversas tribus túrquicas y mongolas adoptaron formas del cristianismo, principalmente la vertiente nestoriana, que se había extendido por Oriente desde los primeros siglos de la era común. Entre los keraitas, los naimanos y otros clanes, los misioneros cristianos encontraron terreno fértil. Pero el cristianismo allí no se desarrolló como en Occidente. Estaba teñido por los colores locales: los símbolos cristianos eran combinados con imágenes celestes, los ritos mezclados con sacrificios tradicionales, y los santos reverenciados como ancestros glorificados. La cruz, en muchos casos, aparecía al lado de amuletos de lobo o del Árbol del Mundo.

La figura de Doquz Khatun, esposa de Hulagu Kan y cristiana devota, es emblemática. Patrocinó iglesias, protegió a clérigos e influenció decisiones políticas importantes en el Ilkanato persa. Sin embargo, incluso ella – como todos los nobles mongoles – reconocía la supremacía del Cielo Eterno. La lealtad espiritual al tengriismo не excluía la práctica de otra fe. El Dios de la Biblia podía ser venerado, siempre que no contradijera el primado de Tengri, el principio que sustentaba la legitimidad del poder imperial y el orden cósmico.

Esta visión permitió una fusión simbólica: el Dios cristiano fue traducido como "Tengri", y Cristo visto como uno de los enviados de ese Cielo. La terminología mongola no hacía distinción rígida entre deidad suprema y cielo físico – ambos eran expresión del misterio. Esta plasticidad semántica facilitó la incorporación del cristianismo al ethos nómada. En vez de templos monumentales, había santuarios al aire libre; en vez de liturgias formales, cánticos en honor al Cielo y a los antepasados; y en lugar de una teología sistematizada, una espiritualidad experiencial.

Los mongoles nunca vieron el cristianismo como amenaza. A diferencia del Islam, que a veces intentó imponerse en las regiones dominadas, el cristianismo nestoriano se adaptaba fácilmente a las culturas locales. Los misioneros aprendían las lenguas nativas, respetaban las costumbres y no exigían exclusividad de culto. Esto permitió una convivencia pacífica entre las creencias. Hubo mongoles bautizados que aún hacían ofrendas a ovoos, consultaban a chamanes y celebraban rituales ancestrales. En la mentalidad de las estepas, todo era parte del mismo paño espiritual: el cielo, la cruz, el águila y el tambor chamánico.

En el plano simbólico, el cristianismo proporcionó imágenes y narrativas que enriquecieron el imaginario mongol. La historia de la crucifixión de Jesús, por ejemplo, fue reinterpretada a la luz del sacrificio ritual: el Mesías que sufre por la humanidad recordaba al caballo blanco entregado al Cielo en tiempos de crisis. Los ángeles de las Escrituras aparecían como seres celestes alados, semejantes a las entidades espirituales que los chamanes decían encontrar en los viajes visionarios. El Espíritu Santo, como viento divino, era asociado a las manifestaciones de Tengri en las tormentas y en las brisas que hablaban al corazón de los nómadas.

En las regiones más occidentales del Imperio Mongol, como Crimea y el Cáucaso, algunas comunidades mongolas y turcas fueron absorbidas por la fe ortodoxa. Sin embargo, incluso cuando las iglesias sustituyeron los campos de sacrificio, el cielo continuaba siendo saludado. El culto al sol, a la luna y a las estrellas persistió discretamente, camuflado en los calendarios litúrgicos y en los hábitos populares. Durante siglos, familias aplaudían al cielo en las mañanas heladas de invierno, murmurando plegarias que no estaban en los salmos, sino en los vientos milenarios del alma esteparia.

La cristianización de los pueblos tengriistas no fue una conversión total, sino una superposición simbólica. Tengri jamás fue desterrado – solo adquirió nuevos nombres. En muchas regiones, sobrevivió como la capa profunda de la consciencia espiritual colectiva, incluso cuando se erigieron cruces y las campanas comenzaron a sonar. En tiempos de crisis, todavía se consultaba a los antiguos, se encendían hogueras sagradas y se buscaba, sobre todo, la aprobación del Cielo Azul.

Hoy, en países como Kazajistán, Kirguistán y partes de Mongolia, comunidades cristianas viven lado a lado con practicantes del tengriismo revitalizado. Los símbolos se cruzan: hay cruces colgadas junto a cintas azules en árboles sagrados; hay iglesias construidas cerca de ovoos; hay cristianos que aún llaman a Dios Tengri, sin vacilación. Eso no es herejía – es memoria. Una memoria que no se borró, sino que se transformó, resistiendo al paso de los siglos como el cielo que permanece, incluso cuando las nubes cambian de forma.

Este entrelazamiento entre Tengri y el Dios cristiano не produjo una síntesis doctrinal, sino una especie de eco espiritual – un reconocimiento mutuo entre dos modos distintos de acceder a lo sagrado. En el fondo, ambos apuntaban a un origen común: el deseo de entender lo que existe arriba y más allá, aquello que ordena el mundo y confiere sentido a la existencia. Los nómadas de la estepa veían en el cristianismo no una amenaza a su fe ancestral, sino una extensión posible de ella, una nueva historia que podía ser acogida sin renunciar al Cielo Azul. El Cristo que sangra por la humanidad y el tambor que pulsa bajo el cielo eran, ambos, respuestas distintas a una misma pregunta milenaria.

Esta apertura espiritual, tan propia de las culturas esteparias, también lanzó un desafío a los modelos de fe exclusivos y centralizados. A diferencia de la rigidez institucional que marcaba ciertas expresiones cristianas, el tengriismo enseñaba que lo divino podía ser múltiple en su apariencia, aunque uno en su esencia. Por eso, incluso cuando se clavaban cruces en tierras de pastoreo, no anulaban los ovoos – solo se sumaban al paisaje espiritual. La estepa se convirtió en un espacio de resonancia cruzada: donde el nombre de Cristo resonaba entre tambores, y el soplo de Tengri aún hacía vibrar las hojas de los árboles sagrados.

Lo que quedó, más allá de las ruinas de iglesias y los huesos de los chamanes antiguos, fue ese hilo invisible que conecta cielo y cruz, espíritu ancestral y fe extranjera. Una herencia silenciosa, hecha más de gestos que de dogmas, más de reverencia que de imposición. En la mirada de los que aún alzan la cabeza para saludar al cielo al amanecer, no hay contradicción – hay recuerdo. Porque, independientemente del nombre dado a lo divino, lo que mueve el corazón humano es siempre lo mismo: la búsqueda de sentido ante lo infinito. Y en ese infinito, Tengri aún habita, no como pasado olvidado, sino como presencia viva bajo todas las formas de fe.

Capítulo 21
Modernidad Secular

La alborada del siglo XX erigió un nuevo firmamento sobre los pueblos de las estepas. Sin embargo, esta vez no era Tengri quien regía las leyes del cielo, sino una ideología que prometía progreso, igualdad y ciencia como únicas divinidades legítimas. La modernidad secular – especialmente bajo la forma del comunismo soviético y de los regímenes autoritarios asiáticos – hizo del pasado espiritual una amenaza al orden, una superstición a ser erradicada, una sombra que impedía la llegada de la "luz racional". Contra esta nueva ortodoxia, el tengriismo no libró una guerra frontal. Retrocedió. Silenció. Se escondió en los pliegues de la memoria popular, aguardando.

En la República Popular de Mongolia, instituida en 1924 con apoyo directo de Moscú, se inició una política sistemática de eliminación de las tradiciones espirituales. Aunque el objetivo principal fue el budismo lamaísta – con la destrucción de cientos de monasterios y el exterminio de monjes –, el chamanismo y el tengriismo también fueron atacados. Chamanes considerados "charlatanes" o "elementos reaccionarios" eran arrestados, internados en hospitales psiquiátricos o sumariamente ejecutados. Los rituales sagrados pasaron a ser vistos como "resquicios feudales" y los símbolos tradicionales como enemigos del progreso socialista.

En la URSS, el escenario era aún más severo. Pueblos como los yakutos, buriatos, tuvanos y jakasios – todos herederos de formas regionales del tengriismo – fueron objeto de campañas agresivas de asimilación cultural. Las escuelas enseñaban ateísmo científico, los tambores chamánicos fueron confiscados y quemados, y festivales ancestrales fueron sustituidos por celebraciones laicas y despolitizadas. La rusificación de los nombres, la imposición del alfabeto cirílico y la centralización de la vida comunitaria en torno a instituciones estatales diluyeron aún más la identidad espiritual tradicional. Familias enteras pasaron a ocultar sus ritos, realizando ofrendas en secreto, enterrando objetos sagrados en el suelo y fingiendo conformidad para sobrevivir.

El comunismo no fue el único vector de la modernidad secular. El ascenso de Estados nacionales en territorios anteriormente nómadas trajo consigo ideologías desarrollistas que veían las prácticas espirituales indígenas como obstáculos al progreso. En Kazajistán y Kirguistán, por ejemplo, la sedentarización forzada de los nómadas, aliada a la escolarización en el modelo soviético, produjo una ruptura intergeneracional. Los jóvenes criados en las ciudades aprendían sobre Marx, Lenin y Gagarin, pero ya no sabían los nombres de los espíritus de las montañas que sus abuelos aún temían.

Esta transición fue profunda y, en muchos sentidos, irreversible. La cosmovisión lineal y técnica del mundo moderno – basada en la explotación de recursos, en la racionalidad instrumental y en la supremacía de la ciencia – no dejaba espacio para un universo animado por espíritus. La propia noción de "sagrado" fue ridiculizada o reducida a la esfera privada y folclórica. Los rituales, cuando tolerados, eran transformados en atracciones turísticas o eventos culturales desprovistos de significado religioso. El tambor se convirtió en adorno. El ovoo se convirtió en escenario para fotos. El cielo, antes fuente de autoridad espiritual, se convirtió en solo atmósfera.

La urbanización acelerada desempeñó un papel crucial en este proceso. En las metrópolis en expansión, los hijos de los pastores se transformaron en funcionarios públicos, ingenieros, profesores y comerciantes. Las yurtas dieron paso a bloques de concreto, y el fuego sagrado del hogar fue sustituido por el gas canalizado. La naturaleza, que en el tengriismo era templo vivo, se convirtió en paisaje distante – vista por la ventana de un autobús, comentada en documentales, pero raramente experimentada como fuente de conexión mística. El nomadismo espiritual perdió terreno ante el sedentarismo del consumo.

Esta secularización forzada generó una especie de exilio espiritual interno. Muchas personas, aunque hubieran asimilado los valores modernos, cargaban un sentimiento vago de pérdida, de desplazamiento. El cielo continuaba allí, azul e inmenso, pero ya no hablaba. La tierra seguía fértil, pero su voz ya no era escuchada. Los sueños dejaron de ser mensajes de los ancestros y pasaron a ser interpretados por psicólogos.

El sentido colectivo del mundo – sustentado por generaciones de ritos y mitos – fue fragmentado por una modernidad que enseñaba que cada uno debía encontrar su propio camino, desconectado del linaje y del paisaje.

En los años finales de la URSS, esta ausencia comenzó a pesar. En la década de 1980, con la crisis económica y la desilusión generalizada con el comunismo, surgieron las primeras señales de un deseo de reconexión. Incluso entre los más secularizados, había una nostalgia difusa por algo "auténtico", "nuestro", "ancestral". Canciones antiguas volvieron a ser cantadas en fiestas familiares. Abuelas pasaron a contar mitos olvidados a sus nietos. En las zonas rurales, rituales domésticos – como derramar leche al suelo o saludar al sol naciente – persistían discretamente, casi como gestos automáticos, pero cargados de significados profundos.

Este residuo espiritual no fue borrado. Permaneció como brasa bajo la ceniza, listo para reavivarse cuando el viento de la libertad soplara nuevamente. Con el colapso de la Unión Soviética en 1991, ese viento finalmente llegó. Y con él, una búsqueda urgente de identidad, sentido y raíces. Pero antes de eso, por más de setenta años, el tengriismo sobrevivió en silencio. Su lenguaje se volvió subterráneo. Sus señales fueron codificadas en el folclore, en el gestual, en las expresiones populares. Era una espiritualidad invisible, pero no extinta – como el propio cielo, que continúa sobre las nubes, incluso cuando no lo vemos.

La modernidad secular no borró solo creencias, sino que rediseñó los mapas internos de pertenencia y significado. En las ciudades moldeadas por concreto e ideología, los lazos que antes unían al humano al cosmos fueron sustituidos por promesas de progreso medible. Sin embargo, este nuevo mundo, aunque eficiente, carecía de arraigo. El tengriismo, con su reverencia a lo invisible y su ritmo ancestral, pasó a habitar el espacio del inconsciente colectivo, como un eco sordo que porfiaba en resonar en los momentos de silencio. La ausencia de rito y mito produjo un vacío que ni los manuales científicos ni los eslóganes políticos consiguieron llenar por completo.

El exilio espiritual impuesto por la modernidad produjo no solo una ruptura cultural, sino una conmoción existencial. No era solo la pérdida de una creencia, sino de un modo de estar en el mundo, de interpretar las señales de la naturaleza y los propios sentimientos. Incluso aquellos que no reconocían conscientemente este duelo cargaban la inquietud de una memoria sin nombre, una nostalgia que no podía ser explicada con los términos del presente. Así, el tengriismo, lejos de ser solo una tradición religiosa, pasó a representar una forma de resistencia subterránea — una red de significados que, aunque deshilachada, continuaba presente en los pliegues del tiempo cotidiano.

Con el fin del régimen que buscó silenciar a los dioses de las estepas, esta red pudo, al fin, comenzar a ser reconstituida. El cielo nunca dejó de estar allí, y cuando los ojos volvieron a alzarse hacia él, encontraron algo familiar. No se trataba de una restauración total, sino de un recomienzo. Lo que había sido escondido por miedo pasó a ser redescubierto con deseo. El futuro, entonces, comenzó a ser soñado no como negación del pasado, sino como reconexión con aquello que sobrevivió incluso bajo las cenizas de la historia.

Capítulo 22
Revivalismo Actual

Cuando los grilletes de la represión ideológica finalmente se rompieron con el colapso de la Unión Soviética, una antigua canción comenzó a resonar nuevamente en las montañas y llanuras de Asia Central. No era solo un rescate folclórico. Era el renacimiento de una voz espiritual ancestral que había sido silenciada, pero jamás olvidada. El tengriismo, que por décadas se mantuvo adormecido en las sombras de la memoria colectiva, emergió de las cenizas como un faro de identidad redescubierta. En vez de desaparecer bajo el peso de la modernidad, resurgió con nueva fuerza, ahora abrazado por intelectuales, artistas, comunidades rurales y jóvenes urbanos en busca de pertenencia.

En los años 1990 y principios de los 2000, las repúblicas recién independientes de Asia Central pasaron por un intenso proceso de reconstrucción nacional. En medio de la necesidad urgente de crear símbolos propios – distintos tanto de la herencia soviética como de las influencias religiosas externas –, muchos líderes y movimientos culturales se volvieron hacia el pasado nómada en busca de fundamentos auténticos. Fue en este contexto que el tengriismo encontró suelo fértil para florecer. Ya no era visto como una superstición arcaica, sino como la cuna espiritual de los pueblos turco-mongoles, un vínculo que unía cultura, territorio y cosmos.

Kazajistán se convirtió en uno de los epicentros de este movimiento. Allí, figuras como Nursultán Nazarbáyev, primer presidente del país independiente, enaltecieron la herencia tengriista como un pilar de la identidad kazaja. Aunque oficialmente se mantuviera la neutralidad religiosa del Estado, símbolos tengriistas pasaron a ser exaltados en ceremonias públicas y documentos oficiales. El color azul turquesa de la bandera, los patrones solares y las referencias al "Cielo Azul" ganaron nuevo significado. Intelectuales e historiadores comenzaron a reinterpretar héroes antiguos como defensores de la fe ancestral y a proponer una lectura espiritual del pasado nacional.

En este contexto, emergió Dastan Sarygulov, uno de los nombres más prominentes del revivalismo tengriista. En 2005, fundó el grupo Tengir Ordo – literalmente "Orden de Tengri" – con el objetivo de promover una ética basada en los valores tradicionales y reaproximar al pueblo kirguís de su raíz espiritual. Para Sarygulov, el tengriismo no era solo una religión: era una visión del mundo, una filosofía de vida profundamente ecológica y humanista. Su iniciativa inspiró otras organizaciones, y eventos públicos pasaron a incorporar ritos y símbolos que antes eran vistos con desconfianza.

En Rusia, la revitalización también ganó impulso, especialmente en las repúblicas autónomas donde los pueblos indígenas aún mantenían conexión con prácticas espirituales antiguas. Tuva, Yakutia (Sajá), Buriatia y Jakasia se convirtieron en polos de revalorización del chamanismo tengriista. En Tuva, por ejemplo, se formó la "Federación de Chamanes de Siberia", reuniendo a practicantes que habían mantenido la tradición viva incluso durante los tiempos soviéticos. Estos chamanes pasaron a actuar públicamente, ofreciendo sesiones de curación, adivinación y consejería espiritual en centros urbanos, al mismo tiempo que realizaban rituales colectivos en fechas sagradas, como el solsticio de verano.

Yakutia destaca particularmente. Allí, la "Fe Aiyy" – una vertiente local del tengriismo – ganó estatus de movimiento espiritual legítimo, con apoyo de parte de la población y tolerancia del Estado. El festival Yhyakh, por ejemplo, se transformó en una gran celebración pública en la que miles de personas participan en rituales al aire libre, entonan cánticos ancestrales y rinden homenaje a las divinidades celestes y a la Madre Tierra. Este evento, aunque hoy también atrae turistas, conserva su núcleo espiritual y es visto por muchos como una forma de reconectarse con los antepasados.

Mongolia, cuna de Gengis Kan y tierra donde el cielo parece tocar la tierra en cada horizonte, también vio renacer el chamanismo con vigor. Con la legalización de las prácticas espirituales tradicionales, surgieron decenas de grupos de chamanes urbanos, muchos de los cuales pasaron a atender tanto en zonas rurales como en grandes ciudades como Ulán Bator. Centros como el Golomt Center se convirtieron en referencia en la formación de nuevos practicantes y en la realización de rituales públicos. La juventud urbana, muchas veces alienada de las enseñanzas tradicionales, comenzó a frecuentar estas ceremonias en busca de algo que faltaba en las religiones convencionales o en los valores de la modernidad occidentalizada.

Pero el renacimiento no ocurrió solo entre los descendientes directos de los antiguos pueblos tengriistas. La espiritualidad ecológica y no dogmática del tengriismo comenzó a atraer interés de personas de otras culturas. Viajeros espirituales, estudiosos y simpatizantes del animismo vieron en esta tradición una respuesta profunda a las crisis contemporáneas – especialmente a la crisis ambiental y a la sensación de alienación espiritual. Ceremonias abiertas pasaron a recibir participantes extranjeros, y traducciones de mitos y enseñanzas chamánicas ganaron circulación en lenguas europeas.

Este interés internacional, sin embargo, trajo consigo tensiones y desafíos. Por un lado, hay quienes temen la mercantilización de la tradición – chamanes autodeclarados que ofrecen experiencias espirituales a turistas por altos precios, ceremonias simplificadas para agradar al gusto occidental y apropiación de símbolos sagrados en contextos fuera de su cosmovisión. Por otro, hay voces dentro del propio movimiento que defienden la necesidad de apertura, de diálogo intercultural y de adaptación al mundo moderno. Argumentan que el tengriismo siempre fue flexible, adaptándose a diferentes realidades sin perder su esencia.

Esta tensión entre autenticidad e innovación es visible también en las representaciones mediáticas del revivalismo. Películas épicas sobre héroes nómadas, videoclips con estética chamánica, documentales sobre prácticas espirituales ancestrales – todo esto ayudó a popularizar el tema, pero también corre el riesgo de transformar el tengriismo en una estética vacía, desconectada de su profundidad ritual y simbólica. Por eso, muchos practicantes defienden la necesidad de formación seria, aprendizaje con maestros experimentados y respeto al linaje espiritual.

A pesar de los desafíos, el impacto del revivalismo es innegable. En censos recientes, cerca del 8% de los yakutos declararon seguir la "Fe Aiyy", y en ceremonias públicas en Kirguistán y Kazajistán cientos de personas se reúnen para ofrecer leche, vodka y cánticos al Cielo. Grupos de jóvenes crean comunidades en línea para estudiar mitología tengriista, intercambiar experiencias y organizar encuentros. Libros, podcasts, documentales e incluso videojuegos inspirados en la cosmología nómada comienzan a surgir, ofreciendo un puente entre el pasado y el futuro.

El tengriismo moderno, por lo tanto, no es una mera reescenificación del pasado. Es una tradición viva, en transformación constante, que busca responder a las necesidades del presente con las herramientas del antiguo. No exige adhesión ciega, sino que propone un camino de escucha, de reconexión con la Tierra, con el Cielo y con los ancestros. Un camino que puede ser transitado en silencio, con un puñado de leche ofrecido al viento, o en celebraciones colectivas frente al fuego sagrado.

El renacimiento contemporáneo del tengriismo revela no solo un movimiento de rescate, sino un proceso activo de reinvención simbólica, donde el pasado es moldeado por las urgencias del presente. En sociedades que sufrieron con el borrado de sus matrices identitarias, el retorno a prácticas espirituales ancestrales sirve tanto como resistencia como reintegración. Este proceso no es homogéneo, ni libre de contradicciones: asume formas distintas en cada región, según contextos políticos, intereses locales y las tensiones entre tradición y modernidad. Sin embargo, lo que une estas manifestaciones es la búsqueda de una espiritualidad arraigada, capaz de ofrecer sentido y pertenencia en un mundo acelerado, fragmentado y muchas veces deshumanizado.

Al mismo tiempo, el lenguaje del tengriismo – hecho de símbolos cósmicos, prácticas rituales ligadas a la naturaleza y valores comunitarios – parece dialogar de manera singular con cuestiones globales. Su visión circular del tiempo, su respeto por las fuerzas naturales y su ética basada en la armonía con el medio ambiente ofrecen una alternativa radical a las lógicas utilitaristas que hoy predominan. Esta resonancia extrapola fronteras étnicas o geográficas: se convierte en un punto de contacto entre mundos distintos, donde un joven nómada de la estepa y un ambientalista urbano europeo pueden encontrar una misma vibración espiritual, aunque por vías diferentes. Esto no elimina el riesgo de superficialidad, pero apunta a la posibilidad de una ecología espiritual compartida.

En última instancia, el revivalismo tengriista actúa como espejo y brújula. Espejo, porque refleja la carencia de sentido sentida por muchos ante la disolución de las antiguas estructuras de fe y cultura. Brújula, porque apunta hacia caminos posibles de reconexión – con los ciclos de la Tierra, con los vínculos comunitarios y con el silencio sagrado que hay entre el Cielo y el viento. Y tal vez, más que buscar respuestas listas, sea esta escucha reverente a lo invisible el verdadero legado de una tradición que, aunque antigua, sabe renacer con el soplo del presente.

Capítulo 23
Búsqueda Espiritual

Las llamas del tambor resuenan no solo en las montañas de Asia Central, sino dentro de un anhelo que crece silenciosamente en el corazón humano contemporáneo. La búsqueda espiritual que permea el inicio del siglo XXI revela más que una mera curiosidad por tradiciones olvidadas: se trata de un hambre antigua, una sed existencial que los grandes centros urbanos y las promesas de la tecnología no han conseguido aplacar. En este escenario globalizado, donde el consumo sustituyó rituales y la velocidad borró el silencio, el retorno a prácticas ancestrales como el tengriismo apunta a un movimiento más profundo – el retorno a lo esencial, a lo que conecta.

El redescubrimiento del tengriismo ocurre en un tiempo marcado por paradojas. Nunca hubo tanta información disponible, pero el sentido de pertenencia parece desvanecerse. Nunca hubo tantas religiones organizadas visibles, pero crece el número de personas que se declaran "espirituales, pero no religiosas". Es en este vacío de trascendencia cotidiana que muchos, especialmente los descendientes de los pueblos turco-mongoles, comienzan a mirar hacia atrás, hacia los vientos que susurraban oraciones bajo el cielo azul de sus antepasados, y hacia las piedras apiladas que guardaban ofrendas simples a la Madre Tierra.

El tengriismo no ofrece un dogma ni exige sumisión. Al contrario, su fuerza está en la vivencia, en la experiencia directa con lo sagrado. A diferencia de muchas tradiciones institucionalizadas, que presentan un clero, escrituras y ortodoxias rígidas, el tengriismo invita a la percepción de lo invisible por medio de la naturaleza y de la ancestralidad. Esta apertura lo hace no solo atractivo para los pueblos que de él descienden, sino también para buscadores espirituales de todo el mundo, que sienten que algo se perdió en el camino moderno y buscan reencontrar una espiritualidad más orgánica, más viva.

Entre jóvenes urbanos de Kazajistán, Mongolia y Kirguistán, muchos relatan una sensación de retorno al "hogar espiritual" al entrar en contacto con los mitos, los rituales y la cosmología tengriista. Se trata de algo que trasciende el orgullo étnico o el rescate cultural – aunque estos también estén presentes. Lo que moviliza a estas personas es una reconexión con algo que parecía haber sido silenciado: la consciencia de que la tierra es viva, que el cielo oye, que los ancestros caminan con nosotros. Una espiritualidad no basada en promesas del más allá, sino en una comunión profunda con el presente sagrado.

Al mismo tiempo, esta búsqueda atraviesa fronteras geográficas. En Occidente, crece el número de personas interesadas en tradiciones animistas, chamánicas y ecocéntricas. El tengriismo aparece en este horizonte como una alternativa auténtica, ancestral y poco explorada. Su cosmovisión no impone salvación, sino que propone equilibrio. No condena, sino que orienta. A través del culto a Tengri, a la Madre Tierra, a los espíritus de la naturaleza y a los ancestros, los practicantes encuentran no solo protección, sino un modo de vida en que cada gesto – desde encender el fuego hasta cosechar una hierba – está cargado de significado.

Estos elementos explican por qué, en las últimas décadas, ceremonias tengriistas han atraído a participantes de diversos orígenes, no solo nómadas o rurales, sino también científicos, terapeutas, artistas y ambientalistas. En eventos como el Festival Yhyakh en Yakutia, o encuentros espirituales en el Lago Issyk-Kul, es posible ver no solo a chamanes tradicionales conduciendo los rituales, sino también a universitarios, funcionarios públicos y extranjeros con ojos cerrados en reverencia, aprendiendo a saludar a los cuatro vientos. No hay catecismo. Hay conexión. Y eso es lo que tantos procuran.

Otro aspecto de esta búsqueda espiritual es la sensación de ausencia que se instaló con la secularización moderna. Las sociedades postindustriales rompieron con los vínculos tradicionales, dejando a muchos individuos a la deriva entre la productividad, el entretenimiento y la competición. Incluso entre aquellos que se mantienen religiosamente afiliados, hay una carencia de vivencia espiritual concreta – el cielo dejó de ser sagrado, la tierra se convirtió en un recurso. En este contexto, el redescubrimiento del tengriismo funciona como un ancla, un recordatorio de que existe otra manera de habitar el mundo: no como dueños, sino como hijos.

En el corazón de esta búsqueda, está también el deseo de reconciliación con los propios antepasados. Para muchos jóvenes que crecieron alejados de las tradiciones orales y espirituales de sus culturas, el tengriismo es un puente entre la modernidad y la memoria. Aprender los nombres de las divinidades, de los espíritus, de los ritos, es recuperar una lengua espiritual que parecía extinta. Y este aprendizaje no ocurre solo en libros o conferencias, sino en el cuerpo – al participar en un ritual de fuego, al tocar un tambor sagrado, al escuchar el silencio de la montaña y entender que allí mora un espíritu.

Es también notable cómo el tengriismo resuena con los valores de sostenibilidad y consciencia ecológica que emergen en el mundo contemporáneo. En tiempos de crisis climática, el tengriismo propone no solo un cambio de actitudes, sino un cambio de percepción: la tierra no es un depósito de recursos, sino una madre viva; el agua no es un bien de mercado, sino la sangre de los ríos sagrados. Esta visión no romantiza la naturaleza, sino que la reconoce como un sistema espiritual y vivo, con el cual se debe negociar, respetar y agradecer. Por eso, muchos ven en el tengriismo un camino espiritual profundamente ecológico – una respuesta sagrada a la urgencia ambiental que enfrentamos.

El retorno a la espiritualidad tradicional no se da sin conflictos. Hay resistencias dentro y fuera de las comunidades. Entre los religiosos organizados, hay quien ve el tengriismo como superstición o idolatría.

Entre los secularistas, hay quien lo ridiculiza como folclore anticuado. Pero aquellos que lo practican no buscan convencer. Para ellos, lo que importa es la vivencia: ofrecer leche al cielo al amanecer, escuchar los presagios de los vientos, honrar a los ancestros alrededor del fuego. Son gestos simples, pero que reencantan la vida. Y en este reencuentro silencioso con lo sagrado cotidiano, está la respuesta a la búsqueda espiritual de nuestros tiempos.

Hay aún otra capa: la búsqueda personal de curación. Muchos recurren al tengriismo en momentos de crisis – emocional, física o existencial. Encuentran en los rituales, en los chamanes y en las prácticas simbólicas una forma de lidiar con el sufrimiento que la medicina moderna y la psicología muchas veces no consiguen alcanzar. Al escuchar un tambor resonando como el latido del corazón del mundo, o al ser envuelto por el humo de hierbas quemadas en un rito de purificación, el individuo se siente parte de algo mayor. Esta experiencia, por sí sola, ya es terapéutica – no porque prometa milagros, sino porque restaura el sentido de pertenencia y de continuidad.

No es posible medir la profundidad de esta búsqueda espiritual por estadísticas o declaraciones públicas. Muchas veces ocurre en silencio, en el recogimiento. Un anciano que enciende el fuego como hacía su abuelo; una joven que aprende a entonar los cánticos olvidados de su linaje; una familia que construye un pequeño ovoo en el jardín, entre flores y piedras. Son gestos discretos, pero que, repetidos por miles de personas, constituyen una corriente espiritual que crece día tras día.

La naturaleza silenciosa de estos gestos revela la esencia más profunda del movimiento: no se trata de adherir a un sistema, sino de recordar algo que ya habita la memoria ancestral de cada uno. El retorno al tengriismo, en este sentido, no acontece como una conversión, sino como un despertar. El fuego encendido, el cántico susurrado, el respeto a los ciclos naturales – todo eso compone una liturgia íntima, donde lo sagrado no es impuesto, sino emergente. Esta espiritualidad no necesita templos grandiosos, pues encuentra abrigo en la vastedad del cielo, en la presencia invisible de los ancestros y en la escucha atenta de los vientos. Es una invitación a la presencia plena, al reencuentro con un tiempo que no corre, sino que pulsa.

Por eso, incluso cuando es invisible a las estructuras religiosas formales, la búsqueda espiritual contemporánea toma cuerpo en lo cotidiano. En medio de ciudades que no duermen, hay quien cierra los ojos para escuchar la llamada de una montaña distante; en medio del ruido constante de las redes, hay quien elige el silencio para encender un incienso y conversar con sus muertos. Estas prácticas, muchas veces solitarias, se convierten en hilos de un gran tapiz espiritual que se va tejiendo sin alarde. El tengriismo, en este contexto, no es un fenómeno aislado, sino parte de un movimiento más amplio de reconexión con una espiritualidad que нe divide el mundo en profano y sagrado, sino que lo comprende como un solo cuerpo vivo e interdependiente. Esta consciencia, aunque en estado de rescate, devuelve al ser humano un lugar simbólico en el cosmos – no el de señor, sino el de participante.

Al percibirse nuevamente como parte del todo, el individuo redescubre un eje interior, una dirección que no depende de respuestas absolutas, sino de un caminar sensible y atento. Así, la búsqueda espiritual no termina en una revelación súbita, sino que se despliega como una senda antigua reencontrada bajo los pies. Y es en este paso a paso silencioso, en este retorno humilde a lo esencial, donde el alma contemporánea, a veces exhausta, encuentra reposo.

Capítulo 24
Chamanismo Siberiano

La vastedad de Siberia, con sus taigas densas, tundras silenciosas y ríos serpenteantes, alberga desde hace milenios pueblos que se relacionan con el mundo de manera profundamente espiritual. En este escenario donde el invierno perdura y la naturaleza impone sus ritmos severos, floreció una miríada de tradiciones chamánicas que, aunque diversas en sus expresiones culturales, comparten un núcleo común con el tengriismo turco-mongol. El chamanismo siberiano no se configura como un sistema religioso uniforme, sino como un tapiz vivo de experiencias, mitos y prácticas que demuestran cómo el ser humano, incluso en condiciones extremas, supo construir un puente de diálogo constante con lo invisible.

Entre los yakutos (o sajás), buriatos, evenkis, tuvanos, jakasios y otros pueblos de Siberia, el chamán – ya sea llamado *oyuun*, *böö* o *kam* – es la figura central. No solo cura y aconseja, sino que sustenta el vínculo entre los mundos. Las raíces de este chamanismo se sumergen en tiempos anteriores a la escritura y a la organización estatal, preservando estructuras arcaicas de espiritualidad que dialogan directamente con los ciclos de la tierra, las constelaciones y los ritmos de los animales.

La cosmología tripartita que divide el universo en tres esferas – el mundo superior, el mundo del medio y el mundo inferior – es un rasgo compartido con el tengriismo, lo que sugiere un fondo común de sabiduría entre los pueblos de la estepa y los de los bosques siberianos. La creencia en seres espirituales que habitan ríos, árboles, montañas y animales es omnipresente entre los pueblos siberianos. Los yakutos, por ejemplo, hablan del Aiyy, un conjunto de espíritus superiores celestiales que se asemeja a la figura de Tengri. Existe también el culto a Yer Su (tierra y agua), presente en varias lenguas túrquicas, reafirmando el patrón dual de lo divino manifestado en el cielo y la tierra. Espíritus ancestrales también son venerados, no como recuerdos del pasado, sino como presencias activas que acompañan y protegen a los vivos. En muchos hogares siberianos, pequeños altares con fotografías de antepasados y objetos ritualísticos indican esta continuidad entre el mundo visible y el invisible.

Entre los evenkis y los buriatos, los tambores chamánicos son considerados no solo instrumentos, sino entidades sagradas dotadas de alma. Al ser tocados, abren portales que permiten al chamán viajar entre los mundos. El tambor no es solo un vehículo sonoro, sino una montura mística – el caballo o reno espiritual que transporta el espíritu del chamán en su viaje. Esta imagen resuena con el simbolismo encontrado en el tengriismo, donde el caballo también es mediador entre el hombre y el Cielo. La visión del tambor como ser vivo, con latidos y respiración, revela una percepción del mundo en que los objetos también poseen vida y agencia espiritual.

En muchos rituales siberianos, el chamán invoca a sus espíritus auxiliares – *ongon* o *yehin* – que pueden asumir la forma de animales, elementos de la naturaleza o incluso ancestros específicos. Estas entidades no son meramente simbólicas: son sentidas, percibidas, incorporadas. La práctica de la posesión ritual es común, en la que el chamán cede su cuerpo temporalmente para que un espíritu traiga mensajes o realice curaciones. Las palabras dichas en ese estado son consideradas oraculares, mereciendo atención y reverencia. Este contacto directo con lo sobrenatural no es restringido al chamán: muchos miembros de la comunidad, especialmente los más sensibles, relatan sueños visionarios, presentimientos y experiencias espirituales espontáneas, reforzando el carácter participativo y experiencial de la religiosidad siberiana.

Al comparar estas prácticas con el tengriismo, percibimos que, aunque los nombres de las divinidades varíen, las funciones espirituales permanecen. El chamán siberiano, así como el *böö* mongol o el *kam* turco, es mediador, curador, consejero y visionario. Conoce los caminos ocultos que unen los tres mundos y sabe cómo restaurar el equilibrio cuando este se rompe – ya sea por enfermedades, conflictos o desastres naturales. Esta función no se aprende en libros, sino que se transmite por linaje, iniciaciones y experiencias de casi muerte o enfermedad espiritual que preparan el cuerpo y el espíritu del elegido para su misión.

Es importante destacar que, a pesar de las similitudes estructurales, cada etnia desarrolló características propias. Entre los jakasios, por ejemplo, la mitología local incluye al dios Kurbustu, una figura celeste guerrera, mientras que los yakutos desarrollan un panteón más jerarquizado, con entidades como Ürüng Aar Toion (el Señor Blanco del Alto), que ocupa un papel análogo al de Tengri. La presencia de diosas-madres también es notable – espíritus femeninos ligados a la fertilidad, al agua y a la protección infantil. Los evenki reverencian entidades llamadas Xoni, asociadas al bosque, mientras que los buriatos mantienen cultos a los espíritus de las montañas, como Khan Khokhii. Esta diversidad enriquece el mosaico espiritual siberiano y revela la plasticidad del chamanismo como sistema vivo, adaptable a los ambientes y a las necesidades de la comunidad.

Durante el dominio soviético, estas tradiciones fueron violentamente reprimidas. Chamanes fueron arrestados, ejecutados, forzados al silencio. Sus tambores fueron destruidos, sus canciones prohibidas. Y, sin embargo, sobrevivieron. Escondidos en casas remotas, mezclados a rituales "folclóricos" o disfrazados bajo simbolismos cristianos, los saberes ancestrales siguieron siendo transmitidos de abuela a nieto, de maestro a aprendiz. Este subterráneo espiritual no fue extinguido – solo adormeció, aguardando el momento de florecer nuevamente. Y ese momento llegó.

Con la caída de la Unión Soviética, Siberia vio emerger una nueva generación de chamanes, asociaciones espirituales y festivales que celebran abiertamente la religiosidad nativa. El renacimiento es visible, y con él el diálogo con el tengriismo clásico se intensificó. En encuentros inter-chamánicos realizados en lugares como Ulán-Udé, Kizil o Yakutsk, líderes espirituales de las más diversas etnias comparten sus conocimientos, mitos y técnicas de curación. Hay un reconocimiento mutuo: aunque cada uno invoque a sus dioses y espíritus por los nombres propios, todos se refieren al mismo cielo, al mismo mundo invisible que pulsa detrás de lo visible. Surgen términos como "neo-tengrismo siberiano" para designar este movimiento de convergencia, aunque muchos prefieren hablar simplemente de "la vía ancestral". Para estos practicantes, la preocupación no es la definición teológica, sino la experiencia viva de reconexión con el mundo espiritual y natural.

    La similitud entre el chamanismo siberiano y el tengriismo no debe confundirse con identidad absoluta. La multiplicidad es parte de lo que confiere fuerza a estas tradiciones. Sin embargo, es innegable que hay un campo simbólico común: la visión del mundo tripartita, la veneración al cielo y a la tierra, el culto a los antepasados, la creencia en los espíritus de la naturaleza y el papel del chamán como eje entre las dimensiones. Este campo común legitima la idea de un "cinturón espiritual euroasiático" que se extiende desde Hungría hasta los bosques del Pacífico Norte, abarcando pueblos tan distantes como los húngaros urálicos y los ainu de Japón. En todos, el mismo hilo invisible une hombre, espíritu y cosmos.

En los días actuales, el chamanismo siberiano ha traspasado sus fronteras culturales. Terapeutas, estudiosos y buscadores espirituales de diversas partes del mundo se han aproximado a estas tradiciones, no como exóticos espectadores, sino como aprendices. Talleres de tambor siberiano, ceremonias de purificación con enebro, peregrinaciones a montañas sagradas, todo eso se ha convertido en parte de un nuevo mapa espiritual global en que la sabiduría indígena es redescubierta como antídoto para los males de la modernidad. Algunos alertan sobre los riesgos de apropiación indebida; otros ven en esta difusión una oportunidad de diálogo intercultural y de supervivencia para los saberes amenazados.

La apertura del chamanismo siberiano al mundo contemporáneo no significa su dilución, sino que revela una fuerza ancestral que supo adaptarse sin perder la profundidad. A medida que personas de fuera se aproximan a estos saberes, se percibe un cambio no solo en la difusión, sino en la escucha: hay quien viene no para traducir, sino para aprender con humildad. Esta escucha es fundamental, pues el chamanismo no se transmite solo por palabras, sino por presencia, silencio, ritmo y visión interior. Lo que se ofrece, entonces, no es un manual o una promesa, sino una invitación a despojarse de certezas y caminar con los pies descalzos sobre la tierra viva de los ancestros.

Aun así, para los propios pueblos siberianos, el reencuentro con sus raíces espirituales no se resume a una práctica individual: es un acto político y cultural. Revivir los cánticos antiguos, restaurar los rituales colectivos y transmitir los mitos a las nuevas generaciones es también una forma de resistencia frente a la homogeneización global. Es en la reintegración de estos elementos que muchos redescubren la dignidad de su historia y la fuerza de su identidad. El chamanismo, en este contexto, deja de ser solo una tradición espiritual y se convierte también en un camino de curación colectiva, donde la reconexión con lo invisible se traduce en pertenencia, en memoria y en reconstrucción comunitaria.

En medio de la vastedad helada de Siberia, el tambor continúa sonando. Y su eco resuena mucho más allá de los bosques y estepas que lo albergaron por siglos. Atraviesa fronteras, toca el corazón de buscadores y reactiva una sensibilidad espiritual que parecía olvidada. No importa el idioma en que se invoque a los espíritus, ni el nombre que se dé al cielo: el gesto es el mismo, la llamada es la misma. Y mientras haya quien cante para la montaña, quien ofrezca leche al fuego, quien escuche el susurro del viento como palabra sagrada, el chamanismo siberiano seguirá vivo — no solo como herencia, sino como camino.

Capítulo 25
Tradiciones Indígenas

Cuando el espíritu del mundo susurra por entre los árboles ancestrales, sopla en los desiertos y se alza en las montañas eternas, habla muchas lenguas. Y entre las voces que escuchan y responden a esa llamada, están aquellas de los pueblos indígenas esparcidos por los continentes – comunidades que, aunque separadas por océanos, convergen en la percepción de que la Tierra es viva, el Cielo es un ser consciente y el ser humano es solo una parte de la vasta red cósmica. Así como el tengriismo floreció en las estepas y taigas de Eurasia, tradiciones espirituales similares emergieron en el corazón de las Américas, en las sabanas africanas, en las mesetas andinas, en las islas del Pacífico y en los bosques del Sudeste Asiático. El espíritu de lo sagrado natural es universal, y su reverberación en los mitos y rituales indígenas evidencia un alma humana profundamente sintonizada con el misterio de la vida.

Entre los nativos de América del Norte, la figura del Gran Espíritu es central. Conocido como Wakan Tanka entre los Lakota, Gitche Manitou entre los Algonquinos y Tirawa por los Pawnee, él es la presencia suprema e invisible que todo lo permea. Esta concepción no es distante de Tengri, el Cielo Eterno: ambos son seres no antropomórficos, omnipresentes, que se manifiestan en las fuerzas de la naturaleza y guían los destinos humanos. Los indígenas de las llanuras norteamericanas, por ejemplo, reverenciaban el cielo abierto, las águilas en vuelo, los vientos que cruzaban las praderas – elementos que, como en el tengriismo, eran reconocidos como sagrados. La Danza del Sol, uno de los ritos más importantes de estas culturas, simbolizaba la conexión directa con el Espíritu del Cielo, evocando fuerza, curación y orientación.

Más al sur, los pueblos de los bosques amazónicos construyeron una espiritualidad profundamente interconectada con la biodiversidad exuberante que los rodea. Payés yanomamis, chamanes kayapós, líderes espirituales guaraníes – todos ellos reconocen en los animales, plantas y ríos entidades dotadas de voluntad y sabiduría. Una liana puede contener el espíritu de una diosa; un jaguar puede ser un ancestro reencarnado; un río puede hablar, en sueño, con un curandero. El uso de enteógenos, como la ayahuasca, es común para facilitar el diálogo con estos mundos ocultos. No se trata de una búsqueda de la "iluminación" individualista, sino de una comunión colectiva, orientada al equilibrio de la aldea y de la naturaleza alrededor. El respeto profundo por los espíritus del bosque resuena con la veneración tengriista por los iye – los guardianes espirituales de cada entidad natural.

En África, el panteón de divinidades y espíritus de las religiones tradicionales revela un paralelismo notable con la cosmovisión animista de las estepas asiáticas. Entre los yorubas, por ejemplo, existe Olodumarê, el ser supremo que todo lo creó, y los orishas, que son manifestaciones naturales y espirituales de su voluntad. Shangó es el trueno, Oshun es el río, Yansán es el viento – fuerzas naturales convertidas en consciencias. Aunque el África subsahariana posea una estructura religiosa más jerarquizada en ciertas culturas, la base continúa siendo el reconocimiento del alma presente en la naturaleza y de la comunicación entre los vivos y los ancestros. La idea de que un chamán, sacerdote o babalawo pueda mediar entre mundos, viajando en trance, consultando espíritus y orientando a los vivos, remite directamente al papel de los chamanes tengriistas y siberianos.

En los archipiélagos del Pacífico, los pueblos maoríes de Nueva Zelanda, los samoanos, tonganos y hawaianos desarrollan tradiciones en que el océano, los volcanes y los vientos son considerados vivos. La noción de mana – una fuerza vital sagrada que permea todo – se aproxima a la idea de "kut" o "nefes" en el tengriismo: el soplo vital que anima a seres humanos, animales e incluso objetos. El respeto a los antepasados es fundamental en estas culturas insulares. Las genealogías son cantadas, los nombres antiguos reverenciados, y los lugares sagrados mantenidos como portales hacia el mundo espiritual. El mar no es solo fuente de alimento, sino camino entre los mundos. La travesía oceánica se convierte, entonces, no solo en física, sino mística – y muchos rituales implican peticiones de protección al cielo y al mar antes de cualquier viaje.

En los altiplanos andinos, los quechuas y aimaras rinden culto a la Pachamama – la Madre Tierra – con fervor y devoción. Esta figura es casi idéntica a la Etugen del tengriismo: ambas representan el suelo fértil, la montaña nutricia, la diosa silenciosa que sustenta la vida. El culto a la Pachamama no se restringe a ofrendas simbólicas, sino que se manifiesta en rituales estacionales, fiestas comunitarias, ayunos y agradecimientos constantes. Así como los nómadas túrquicos lanzaban leche al cielo en reverencia, los andinos derraman chicha (bebida de maíz) sobre la tierra antes de beber, ofreciendo a la diosa su parte. La reciprocidad es la base de la relación con lo divino – una idea presente en todas las tradiciones indígenas y también en el tengriismo: si respetas a los espíritus, ellos te protegen; si los ignoras o les faltas el respeto, se callan o se vuelven contra ti.

La estructura de los tres mundos también es común a diversas cosmologías indígenas. Los guaraníes, por ejemplo, hablan del Ñanderú – el padre celeste que habita el mundo superior – y del mundo subterráneo habitado por fuerzas negativas o caóticas. Los chamanes de la selva, como los de los Shipibo-Conibo del Perú, describen viajes en que suben por "árboles cósmicos" o se sumergen en "ríos de luz" que unen los diferentes planos de la realidad. El Árbol del Mundo – tan central en la visión tengriista – aparece bajo otras formas: una palmera sagrada, una liana mágica, un tronco colosal que sostiene el cielo. Estas imágenes, aunque culturalmente distintas, apuntan a arquetipos comunes de la mente humana: la conexión vertical entre mundos, el mediador espiritual que viaja entre ellos y la necesidad de mantener equilibrio entre los planos.

Es importante notar que, a pesar de las similitudes, cada cultura expresa sus verdades con símbolos únicos, moldeados por el ambiente y la historia. El tambor del chamán mongol puede equivaler a la maraca del payé amazónico; el caballo como espíritu-guía puede ser intercambiado por el colibrí o el jaguar. Los lenguajes simbólicos varían, pero la estructura espiritual permanece notablemente convergente. Esto ha llevado a muchos estudiosos, como Mircea Eliade y Michael Harner, a sugerir la existencia de una matriz chamánica primordial – una forma de espiritualidad arraigada en la condición humana prehistórica, que sobrevivió en múltiples puntos del globo a través de las tradiciones indígenas.

Esta universalidad también abre caminos para el diálogo intercultural entre tradiciones vivas. En encuentros internacionales de espiritualidad ancestral – como los realizados por la ONU en foros de derechos indígenas o por redes ecoespirituales globales – representantes de diferentes pueblos comparten cánticos, rituales y visiones. Un chamán buriato puede dialogar con un líder Hopi; una mujer Ainu puede compartir símbolos con una sacerdotisa Maorí. En estos intercambios, frecuentemente se oye la expresión: "la Tierra nos une". Y, en muchos casos, las prácticas tengriistas son reconocidas como hermanas espirituales de las creencias indígenas globales – diferentes en la forma, pero iguales en el fundamento: reverencia a la vida, respeto a los ancestros, comunicación con lo invisible.

Incluso en las diásporas y en los contextos urbanos, descendientes de pueblos indígenas buscan mantener vivas estas conexiones. En São Paulo, Nueva York o París, pequeñas comunidades realizan ceremonias de luna llena, rituales de gratitud, danzas tradicionales. De la misma forma, emigrantes mongoles, buriatos o tuvanos recrean sus ovoos simbólicos en los parques de las grandes ciudades, manteniendo contacto espiritual con sus raíces. Muchos jóvenes mestizos o con identidades culturales híbridas encuentran en estas prácticas un modo de integrar sus diversas pertenencias – ya sean indígenas, modernas, occidentales o espirituales. El tengriismo y otras tradiciones nativas ofrecen, entonces, no solo una herencia cultural, sino un camino de curación y reintegración de la identidad.

Esta multiplicidad de expresiones espirituales, esparcidas por las culturas indígenas del mundo, revela no solo una diversidad simbólica, sino un mismo gesto esencial: el de escuchar a la Tierra y dialogar con lo invisible. Cada pueblo, con sus mitos, ritos y cantos, tradujo este gesto según el pulsar de su territorio – ya sea al son de maracas, tambores, flautas o en el silencio reverente ante una montaña. Es en esta escucha activa que se preserva el hilo ancestral que une a los humanos al cosmos, un hilo que no se rompe con el tiempo, sino que se renueva a cada gesto ritual, a cada ofrenda simple, a cada historia contada al borde del fuego.

Por eso, aunque cada tradición tenga su propia lengua, su cosmología particular, se reconocen mutuamente como variaciones de una misma sabiduría: la de que lo sagrado está aquí, en el suelo que pisamos, en el viento que sopla, en la mirada de los que vinieron antes. Al contemplar este paño espiritual tan vasto, se hace evidente que las tradiciones indígenas no están presas al pasado, sino que siguen ofreciendo respuestas al presente. En tiempos marcados por crisis ecológicas, desorientación existencial y rompimiento de los lazos comunitarios, sus enseñanzas aparecen como claves para una reconciliación con la vida. Esto no significa que debamos idealizarlas o apropiarlas, sino que podemos aprender de su ética de la reciprocidad, de su espiritualidad incorporada a lo cotidiano, de su manera de conocer el mundo a través del afecto y de la escucha.

Cada encuentro con estas tradiciones puede ser, por lo tanto, una oportunidad de realinearse con la propia humanidad – aquella que siente, que sueña, que celebra los misterios de la existencia alrededor del fuego y bajo el cielo abierto. Así, cuando los descendientes de estas culturas, incluso en contextos urbanos y fragmentados, buscan revivir sus rituales, no están solo rescatando raíces, sino activando futuros. El tambor que toca en una terraza de concreto carga la misma llamada del que resonaba en las llanuras libres; la ofrenda hecha con hierbas cosechadas en un jardín urbano posee la misma intención de quien lo hace en el corazón del bosque. El espíritu ancestral no exige pureza geográfica, sino verdad de gesto. Y mientras haya quien cante para la Luna, quien sueñe con los animales, quien vea en el trueno la voz de un dios antiguo, las tradiciones indígenas continuarán recordándonos que no estamos separados del mundo – somos parte de él, profundamente entrelazados en su canción.

Capítulo 26
Visión Ecológica

En el núcleo de la espiritualidad tengriista pulsa una percepción de la naturaleza no como telón de fondo pasivo de la existencia humana, sino como protagonista divina de una gran narrativa sagrada. La Tierra es viva, el Cielo es consciente, los ríos respiran y las montañas sueñan. Para el devoto de Tengri, cada elemento del mundo natural carga un espíritu que merece reverencia, diálogo y reciprocidad. Esta concepción no es una idealización romántica tardía; está entrelazada en las prácticas cotidianas de una tradición que nació del nomadismo y floreció en el vientre de la estepa euroasiática. El tengriismo, por eso, ofrece más que una religión – ofrece una ética ecológica arraigada en la experiencia milenaria de coexistencia armoniosa con el mundo natural.

La relación entre hombre y naturaleza en el tengriismo no es de subyugación, sino de coparticipación. El hombre no es señor de la Tierra, sino su hijo. Esta verdad resuena en el mito cosmogónico central de la tradición: el ser humano es fruto de la unión del Cielo (Tengri) con la Tierra (Etugen). La Tierra, en este sentido, no es un recurso a ser explotado hasta el agotamiento, sino una madre nutricia que sustenta la vida con generosidad y poder. La metáfora no es decorativa – define comportamientos, moldea decisiones y estructura toda una civilización sobre principios de equilibrio. Cuidar de la tierra, de las aguas, del aire y del fuego es cuidar de sí mismo, pues todos comparten el mismo linaje espiritual.

El nomadismo de los pueblos túrquicos y mongoles favoreció una cosmovisión en la que la naturaleza es compañera de viaje y no enemiga a ser domada. Los nómadas necesitan el pastizal renovado, las fuentes limpias, el suelo fértil – y saben que nada de eso existe sin respeto al ritmo natural de las cosas. El rebaño debe dejar descansar la tierra; el río debe correr sin obstrucciones; los árboles deben ser cortados con permiso y parsimonia. Estos pueblos, por necesidad y sabiduría, desarrollaron una profunda observancia de los ciclos naturales. Las estaciones del año, los movimientos de los astros, los comportamientos de los animales – todo era señal, lenguaje sagrado. Y el irrespeto a este lenguaje era visto como pecado contra el equilibrio cósmico.

Esta ética ecológica se manifiesta de manera concreta en los rituales tradicionales. Antes de cortar un árbol, el jefe de familia puede pedir permiso al espíritu del bosque, derramar leche o vodka en el suelo como ofrenda y pronunciar palabras de respeto. Al sacrificar un animal, hay un momento de silencio en que se agradece al alma del ser vivo por la donación de su carne. Nada se hace de manera mecánica o indiferente – toda acción tiene consecuencia espiritual. La contaminación de un río, por ejemplo, es vista no solo como crimen ambiental, sino como ofensa al espíritu guardián de aquellas aguas. Y ofender a un espíritu puede traer enfermedades, mala suerte o sequías. Así, los códigos ecológicos del tengriismo son también códigos de supervivencia.

El fuego es sagrado. El agua es sagrada. El viento es sagrado. La tierra es sagrada. No por ser símbolos abstractos, sino por ser manifestaciones de fuerzas reales, perceptibles, presentes. El chamán, figura central de la tradición, no solo evoca estos elementos durante sus ceremonias – dialoga con ellos. El fuego en el centro de la tienda no es solo una fuente de calor, sino la boca por la cual se comunican los mundos. El viento que entra por la claraboya de la yurta carga recados de los dioses. El humo del incienso lleva los deseos humanos a los cielos. Cada elemento de la naturaleza es un eslabón de conexión entre lo visible y lo invisible.

En el contexto contemporáneo de devastación ecológica global, esta visión ancestral resurge como una alternativa urgente y poderosa. El mundo moderno, orientado por una lógica de consumo y explotación ilimitada, enfrenta el colapso climático, la extinción de especies y el agotamiento de los recursos naturales. En este escenario, el tengriismo propone una inversión de valores: abandonar la idea de que la naturaleza está al servicio del hombre y abrazar la idea de que el hombre debe servir y proteger a la naturaleza. No por obligación moral abstracta, sino por sabiduría práctica – pues la destrucción del ambiente es autodestrucción.

Algunas comunidades tengriistas contemporáneas, conscientes de esto, se han involucrado en acciones ecológicas inspiradas en los principios antiguos. Grupos de chamanes en Siberia realizan ceremonias periódicas para "alimentar" las montañas, los ríos y los lagos – llevando ofrendas y entonando cánticos de purificación. En regiones de Kazajistán, jóvenes activistas ecológicos organizan jornadas de limpieza de bosques y fuentes, seguidas de rituales de agradecimiento a los espíritus locales. Hay escuelas en las zonas rurales de Mongolia que incorporan enseñanzas tengriistas al currículo, incentivando a los alumnos a ver a los animales, las piedras y las nubes como partes de una comunidad espiritual.

Esta espiritualidad ecológica no se limita al activismo. Redefine la noción de éxito y progreso. Donde el mundo moderno ve riqueza en términos de acumulación, el tengriismo ve riqueza en términos de equilibrio. La tribu próspera no es la que más acumula, sino la que más respeta los ciclos de la tierra y vive en paz con los espíritus. La sabiduría no se mide por el dominio técnico, sino por la capacidad de escuchar a la naturaleza e interpretar sus señales. El líder ideal no es el más poderoso, sino el más sintonizado con la voluntad del Cielo y de la Tierra.

La estética tengriista refleja esta ecología espiritual. Los colores azul y verde predominan en las banderas, en los trajes y en los objetos rituales. Azul como el cielo infinito y verde como las llanuras vivas. La música tradicional se hace con instrumentos que imitan sonidos naturales: el silbido del viento, el trotar de los caballos, el murmullo de los arroyos. Las canciones no celebran conquistas humanas, sino alabanzas a la belleza de la creación, a los espíritus de los lugares, a los animales totémicos. El tambor del chamán pulsa como el corazón de la tierra; el canto gutural resuena como el eco de las cavernas. Todo esto crea una estética que no aliena al hombre del mundo – sino que lo re-inscribe en él como criatura entre criaturas.

No por casualidad, el tengriismo ha atraído la atención de movimientos ambientalistas, ecoespiritualistas y buscadores contemporáneos que procuran un camino más auténtico y armonioso de estar en el mundo. Muchos reconocen en la espiritualidad de las estepas una sabiduría olvidada, pero vital. La idea de que la espiritualidad no está separada de la ecología – que el cuidado del alma y el cuidado del planeta son una misma cosa – encuentra eco en las nuevas generaciones inquietas con el rumbo de la civilización moderna. El tengriismo, en este sentido, no es solo una reliquia étnica – es una propuesta de futuro.

Aunque sus prácticas puedan parecer distantes de la vida urbana actual, los principios que sustentan el tengriismo son universales y adaptables. La simplicidad voluntaria, el consumo consciente, el respeto a los ciclos, la gratitud a la tierra, la escucha de lo invisible – todo eso puede ser practicado en cualquier lugar del mundo. Una huerta urbana puede ser consagrada con oraciones al Cielo. Un vaso de agua puede ser bebido con consciencia del espíritu que habita aquella sustancia. Una caminata en el parque puede convertirse en un rito de reconexión. Lo importante no es la forma externa, sino el sentimiento interno de reverencia y reciprocidad.

Esta ética del cuidado y de la escucha contrasta fuertemente con la cultura de la velocidad, de la productividad y de la objetivación de la naturaleza. El tengriismo propone un ritmo diferente – más cercano al ritmo de las estaciones, de los ciclos lunares, del movimiento de las nubes. Propone también una economía diferente – basada en lo suficiente, en lo comunitario, en lo sagrado. No se trata de retroceder al pasado, sino de extraer de él las semillas de una nueva visión. Una visión en que progreso no significa dominación, sino maduración; en que tecnología no sirve para explorar, sino para preservar; en que espiritualidad no se reduce a rituales formales, sino que se expande como estilo de vida.

Esta reconexión entre espiritualidad y ecología, propuesta por el tengriismo, gana aún más relevancia cuando percibimos que la crisis ambiental del presente no es solo una crisis de recursos, sino de imaginación. La forma como vemos el mundo moldea la manera como lo tratamos. Y si por siglos predominó una visión que separaba lo humano del restante de la creación, ahora se vuelve urgente cultivar una percepción que nos reintegre al todo. El tengriismo, al presentar la Tierra como madre y el Cielo como padre, ofrece no solo metáforas poéticas, sino un mapa simbólico para habitar el planeta con humildad y gratitud. Es una sabiduría que no compite con el saber científico, sino que lo complementa, al recordar que cuidar del mundo también es un acto espiritual.

A medida que enfrentamos el calentamiento global, la escasez hídrica, el colapso de la biodiversidad y el empobrecimiento de los suelos, se hace claro que solo soluciones técnicas no serán suficientes. Es necesario un nuevo (o antiguo) paradigma – un modo de pensar y sentir que reconozca la sacralidad de la vida en todas sus formas. El tengriismo no propone fórmulas listas, sino valores arraigados en la escucha, en la reciprocidad y en la presencia. Enseña que cada gesto cotidiano – plantar, cosechar, agradecer, pedir permiso – puede ser un ritual, y que cada ser – piedra, animal, viento o estrella – tiene algo que decir, si aprendemos a escuchar. Es este aprendizaje sensible el que puede transformar nuestra relación con el planeta y con nosotros mismos.

Al final, la visión ecológica del tengriismo nos invita a una espiritualidad de pertenencia. No se trata de buscar trascendencia fuera del mundo, sino de sumergirse profundamente en él, reconociendo la interdependencia que nos une a todo lo que existe. Esta comprensión no exige que todos se conviertan en nómadas o chamanes, sino que cultiven una mirada más tierna y atenta hacia la vida en su entorno. En tiempos de urgencia climática y desarraigo existencial, este retorno a lo esencial – al fuego en el centro, al cielo que observa, a la tierra que nutre – puede ser el punto de partida para un nuevo camino. Un camino que no separa lo sagrado de lo cotidiano, ni lo humano de la naturaleza, sino que los reconoce como un solo soplo continuo de vida.

Capítulo 27
Prácticas Modernas

En medio del reencantamiento espiritual del siglo XXI, muchos buscan prácticas que trasciendan el mero ritual vacío y se reconecten con experiencias profundas de sentido. El tengriismo, con su esencia no dogmática y su íntima conexión con la naturaleza, se presenta como un camino viable y potente. Sin embargo, la cuestión que se impone a aquellos que desean seguir este camino en los tiempos actuales es: ¿cómo vivir el tengriismo lejos de las vastas estepas, de los rituales ancestrales en su forma plena, y de la convivencia diaria con chamanes tradicionales? La respuesta se encuentra en la adaptabilidad de esta tradición milenaria, que, incluso sin textos sagrados o una estructura eclesiástica central, mantiene una coherencia interna que permite su recreación auténtica en nuevos contextos.

El practicante moderno del tengriismo, muchas veces viviendo en ciudades, lejos de los territorios tribales y de las montañas sagradas, reinventa sus formas de devoción a partir de los mismos principios que orientaban a los nómadas antiguos: respeto, reciprocidad y conexión directa con lo sagrado. No hay necesidad de grandes templos ni liturgias complejas. La simplicidad es virtud.

Una de las prácticas más comunes entre los devotos contemporáneos es el gesto diario de ofrecer un poco de leche, té o vodka al cielo, al suelo o al fuego. Al amanecer, lanzar algunas gotas al viento mientras se pronuncian palabras de gratitud a Tengri constituye un rito mínimo y profundo. Es un reconocimiento del milagro de estar vivo bajo el Cielo Eterno. Esta práctica, derivada de las ofrendas tradicionales de los pastores mongoles y turcos, puede realizarse incluso desde la ventana de un apartamento o en el patio de una casa urbana. No importa el escenario – lo que cuenta es la intención y el sentimiento. Se trata de un acto de reafirmación del vínculo sagrado entre el humano y los elementos. Para muchos, este gesto diario se transforma en una especie de meditación activa, de realineamiento espiritual con las fuerzas que sustentan la vida. Sentir el viento en el rostro y percibir en él la presencia de Tengri, observar un árbol y saludar al espíritu que en él habita, escuchar el canto de un pájaro como si fuera un mensaje de lo invisible – todo eso compone lo cotidiano del tengriista moderno.

Otra forma muy presente en el renacimiento del tengriismo contemporáneo es la construcción de pequeños santuarios domésticos inspirados en los ovoos tradicionales. Apilar algunas piedras en el jardín, atar cintas de seda azul y blanca (colores sagrados) y dedicar ese espacio como morada simbólica de los espíritus de la tierra y del cielo crea un punto focal de devoción. Estas estructuras, por menores que sean, funcionan como anclas espirituales. Allí se puede rezar, meditar, hacer ofrendas o simplemente estar en silencio. Algunas familias se reúnen semanalmente alrededor del ovoo doméstico, reavivando lazos ancestrales, compartiendo alimentos e invocando bendiciones para los miembros de la casa. El ovoo se convierte, así, no solo en un altar, sino en un eslabón de pertenencia y continuidad.

El uso del tambor chamánico también ha sido rescatado en muchos contextos urbanos. Grupos de estudio y práctica formados por descendientes de pueblos túrquicos y mongoles, así como por interesados en espiritualidad natural, se han dedicado al aprendizaje del golpe rítmico que induce estados alterados de consciencia. El tambor no es visto como instrumento musical, sino como vehículo de travesía. Conduce al practicante al espacio sagrado, al contacto con el espíritu animal protector o con las fuerzas del mundo invisible. A través del sonido pulsante, el cuerpo entra en resonancia con el cosmos. Aquellos que aprenden a tocar el tambor de forma ritualística relatan vivencias intensas de curación emocional, insights espirituales y una profunda sensación de reconexión con algo mayor que sí mismos.

A pesar de que muchas prácticas modernas son adaptadas al cotidiano urbano, hay también un movimiento creciente de retorno simbólico a la naturaleza. En varias regiones de Asia Central y de Siberia, practicantes organizan peregrinaciones a lugares sagrados como lagos, montañas o bosques antiguos. En estas ocasiones, se realizan ceremonias abiertas, con participación colectiva. Se hacen ofrendas a los cuatro vientos, se entonan cánticos tradicionales, y se celebra la comunión con los espíritus locales. Estas experiencias no solo fortalecen la identidad espiritual, sino que también crean redes de apoyo entre practicantes que comparten los mismos valores. En áreas más alejadas de Mongolia, tales reuniones recuerdan las antiguas festividades nómadas, con tiendas montadas, reparto de alimentos y danza alrededor del fuego.

Existen también los rituales de curación, que continúan realizándose, aunque con matices modernos. Chamanes urbanos, entrenados por maestros tradicionales o por linajes familiares, atienden a pacientes con problemas emocionales, espirituales o psicosomáticos. En muchos casos, estos rituales incluyen sahumado con hierbas, uso de tambores y oraciones en lenguas ancestrales. Personas que sufren de ansiedad, depresión o sensación de vacío encuentran en estos encuentros una alternativa a los modelos occidentales de tratamiento. Para los chamanes, la enfermedad es, muchas veces, expresión de un desequilibrio entre el individuo y las fuerzas de la naturaleza. Restaurar ese equilibrio es el objetivo. El chamán no cura solo – invoca y coopera con los espíritus, actuando como canal y mediador.

Es importante notar que el tengriismo moderno no se pretende religión exclusiva. Muchos de sus practicantes se identifican simultáneamente con otras tradiciones. No es raro encontrar a alguien que se declara musulmán o budista, pero que mantiene prácticas tengriistas en casa. Esto ocurre porque el tengriismo, en su esencia, no exige conversión, ni promesas de lealtad dogmática. Es una práctica espiritual abierta, inclusiva, centrada en la vivencia directa de lo sagrado en la naturaleza y en la ancestralidad. Por eso, muchos lo consideran más una "cosmovisión" o "modo de vida" que una religión formal. Esta fluidez lo torna especialmente atractivo en un mundo marcado por hibridismos culturales y búsqueda de autenticidad.

Internet desempeña un papel decisivo en esta resignificación contemporánea. Foros, grupos de redes sociales y canales de video conectan a practicantes esparcidos por el mundo, permitiendo intercambios de experiencias, aprendizaje y fortalecimiento de la identidad espiritual común. Hay videos enseñando a hacer ovoos domésticos, a entonar cánticos tradicionales, a usar hierbas específicas en sahumados. También surgen libros y manuales de introducción al tengriismo adaptados a la realidad moderna, con lenguaje accesible y enfoque práctico. Esta democratización del conocimiento espiritual contribuye a que la tradición se mantenga viva y evolucione sin perder su esencia.

La juventud también ha adherido al tengriismo de forma creativa. Festivales culturales con inspiración tengriista, que unen música moderna con temas espirituales, se han vuelto populares en ciudades de Mongolia, Kazajistán y Kirguistán. En estos eventos, bandas tocan instrumentos tradicionales con arreglos contemporáneos, poetas recitan versos sobre el Cielo Azul, y artistas visuales exponen obras que retratan divinidades ancestrales y escenas míticas. Al mismo tiempo, movimientos educativos procuran incluir el tengriismo como parte del currículo histórico y cultural de las escuelas públicas, promoviendo el orgullo étnico y el respeto a la diversidad religiosa.

Incluso fuera de Asia Central, hay occidentales que, tocados por la filosofía natural del tengriismo, incorporan elementos de la tradición en sus vidas. En países europeos y en las Américas, pequeños grupos celebran el solsticio con rituales inspirados en los ovoos; practicantes de espiritualidades animistas ven en el tengriismo un hermano distante, con quien comparten un origen común. Esta apertura internacional no diluye la tradición – antes bien, amplía su alcance y reitera su valor universal. Al fin y al cabo, la reverencia al cielo, a la tierra y a los espíritus de la naturaleza no es monopolio de un pueblo – es un anhelo humano profundo.

La expansión contemporánea del tengriismo demuestra que la tradición no sobrevive solo por la repetición de fórmulas antiguas, sino por su capacidad de ser sentida y reinventada en contextos diversos. La espiritualidad, en este sentido, se revela menos como un conjunto de prescripciones y más como un campo vivo de relaciones y experiencias. El practicante moderno no busca copiar los antiguos rituales con exactitud, sino evocar el mismo espíritu de presencia, humildad y escucha que sustentaba el vínculo con el Cielo Eterno. En un mundo saturado de distracciones, el tengriismo ofrece una vía silenciosa de reencuentro con lo que es esencial – no a través de la fuga del mundo moderno, sino de la resignificación de cada gesto, de cada soplo de viento, como un portal hacia lo sagrado.

Al integrarse a múltiples realidades culturales, el tengriismo reafirma su esencia no como sistema cerrado, sino como lenguaje espiritual capaz de dialogar con diferentes formas de ser y creer. Esta maleabilidad lo hace particularmente valioso en tiempos marcados por la fragmentación identitaria y la búsqueda de sentido. Lo que une a los practicantes no es una uniformidad de dogmas, sino una percepción común: la de que el universo está vivo, que todo lo que existe está interconectado y que el humano, para vivir plenamente, debe honrar esta red de relaciones. Así, ya sea a través de un tambor tocado en el corazón de la metrópoli, de una cinta azul atada en una rama seca, o de una palabra susurrada al cielo antes del desayuno, el espíritu del tengriismo permanece intacto – pulsando con la misma fuerza de las estepas de antaño.

En este reencuentro entre lo ancestral y lo contemporáneo, el tengriismo resurge no como reliquia de un tiempo perdido, sino como presencia viva y relevante. Ofrece una respuesta serena al tumulto moderno, recordando que lo sagrado no está distante, sino que habita lo cotidiano – basta reconocerlo. Al devolver al mundo su sacralidad, el practicante contemporáneo del tengriismo no solo preserva una tradición, sino que también se transforma a sí mismo y los espacios que ocupa, creando puentes entre pasado y futuro, entre cielo y tierra, entre lo visible y lo invisible.

Capítulo 28
Valores y Ética

En la urdimbre invisible que sustenta el tengriismo, los valores y principios éticos no se presentan como mandamientos rígidos o códigos escritos impuestos desde fuera hacia adentro. Por el contrario, emergen de la vivencia espiritual orgánica de los pueblos nómadas, como expresión natural de una cosmovisión en que el universo se comprende como un organismo vivo e interconectado. Lo correcto y lo incorrecto no son definidos por imposiciones externas, sino intuidos a partir de la observación atenta de la naturaleza, de las relaciones humanas y de las consecuencias de los propios actos. El Cielo Eterno, testigo de todo lo que ocurre bajo su manto azul, es el espejo ante el cual cada uno mide su rectitud.

Vivir conforme a Tengri significa, ante todo, vivir en equilibrio. El equilibrio no se entiende aquí como simple ausencia de conflicto, sino como armonía dinámica entre las fuerzas complementarias de la vida: cielo y tierra, hombre y mujer, acción y contemplación, comunidad e individuo. Todo exceso es visto con desconfianza, porque desequilibra el flujo de la energía vital que sustenta el mundo. La avaricia, la codicia, la crueldad, la falta de respeto a los mayores o a la naturaleza son consideradas formas de transgresión contra el orden cósmico. En cambio, la generosidad, el coraje, la lealtad, el respeto y la gratitud son virtudes que mantienen el tejido del universo cohesionado y saludable.

La hospitalidad, por ejemplo, no era un lujo ni una elección entre los pueblos de la estepa – era una obligación sagrada. La vastedad inhóspita exigía solidaridad: negar alimento o abrigo a un viajero podía significar condenarlo a la muerte y, por extensión, atraer la desaprobación de los espíritus. Recibir bien, dividir la leche del rebaño, ofrecer el fuego de la tienda eran gestos esperados de cualquier persona honrada. Esta ética del compartir reflejaba el entendimiento de que nada nos pertenece completamente – todo es dádiva temporal concedida por Tengri y debe circular. La riqueza, cuando acumulada sin propósito comunitario, era vista como enfermedad del alma. El verdadero prestigio estaba en la generosidad, no en la posesión.

Otro valor fundamental es el honor – concepto que va mucho más allá de la reputación social. Honrar la palabra dada, mantener fidelidad a los lazos de sangre y a los aliados, actuar con rectitud incluso cuando nadie está viendo: todo eso compone la imagen del ser humano íntegro a los ojos de Tengri. En muchos relatos históricos, los juramentos hechos al Cielo eran considerados inviolables. Quebrarlos podía atraer maldiciones no solo al individuo, sino a su linaje entero. La consciencia de que la propia alma es moldeada por las acciones e intenciones, y que los ancestros observan el comportamiento de los vivos, generaba una responsabilidad ética continua.

El bien y el mal no eran conceptos absolutos, sino que estaban siempre relacionados con el impacto de las acciones en el equilibrio general. La reverencia a los mayores y a los ancestros refuerza esta estructura ética. Escuchar los consejos de los ancianos, preservar la memoria de los que vinieron antes, mantener vivo el linaje espiritual de la familia son actitudes que expresan humildad y reconocimiento. La sabiduría no es vista como producto exclusivo de la razón o del estudio formal, sino como fruto de la experiencia vivida y de la conexión con el mundo invisible. Por eso, despreciar a los mayores o deshonrar el propio origen era considerado señal de decadencia espiritual. Cada generación es guardiana de un eslabón en la cadena sagrada que une el pasado al futuro. Romper ese eslabón es traicionar la confianza de Tengri.

En la convivencia social, el tengriismo valora la justicia y la palabra como instrumentos de mediación. Los consejos tribales, compuestos por jefes y chamanes, resolvían disputas con base en el diálogo y en la observación de las señales espirituales. La verdad no era solo factual, sino que cargaba una dimensión sagrada. Mentir deliberadamente era manchar la propia alma, pues significaba intentar engañar también a los espíritus y al Cielo. Este entendimiento confería gran peso a las palabras. Hablar exigía responsabilidad. Los contadores de historias, los bardos y los chamanes desarrollaban una elocuencia impregnada de ética – sabían que sus palabras moldeaban la realidad, por eso cuidaban de ellas como si fueran semillas.

En la relación con los animales y la naturaleza, la ética tengriista revela una sensibilidad rara en los tiempos actuales. Cada ser vivo está dotado de espíritu. Cazar, abatir o cosechar no son acciones banales, sino momentos solemnes que requieren consciencia y respeto. El animal muerto debe ser honrado, su espíritu aplacado con plegarias y gestos de gratitud. Desperdiciar partes del animal o causar sufrimiento innecesario es considerado un insulto a los espíritus guardianes de la especie. Plantas medicinales son cosechadas tras peticiones formales a la tierra y con la certeza de que serán usadas con propósito benéfico. No se retira nada sin dar algo a cambio – ya sea una ofrenda, una oración o la promesa de no abusar.

Incluso los fenómenos naturales – tormentas, sequías, eclipses – son comprendidos como expresiones de fuerzas espirituales. Faltar el respeto a la naturaleza es faltar el respeto a lo sagrado. Por eso, muchas prácticas de sostenibilidad encontraban respaldo no en leyes civiles, sino en creencias espirituales: no derribar árboles sagrados, no contaminar ríos, no cazar durante la gestación de los animales, respetar los tiempos de regeneración de la tierra. Esta ética ecológica, arraigada en la espiritualidad, antecede en siglos cualquier concepto moderno de ecología y se revela sorprendentemente actual ante las crisis ambientales contemporáneas.

La ética también permea la práctica de la guerra, inevitable en la vida nómada. El guerrero ideal no es el sanguinario, sino el protector. Luchar por venganza personal o pillaje gratuito era condenable. El combate era justificado solo cuando motivado por la defensa del honor, de la familia o de la comunidad. Aun así, era necesario consultar a los chamanes, pedir señales al cielo y garantizar que la causa estuviera de acuerdo con la voluntad de Tengri. Los guerreros contaban con bendiciones de los ancestros, y después de las batallas, rendían homenajes a los muertos, fueran amigos o enemigos. Esta espiritualización de la guerra no eliminaba la violencia, pero imponía límites morales y recordaba constantemente que la sangre derramada recaía sobre el alma de quien la derramaba.

En los tiempos actuales, esta ética ancestral encuentra formas renovadas de expresión. En sociedades urbanizadas y conectadas digitalmente, muchos adeptos del tengriismo buscan rescatar los valores fundamentales adaptándolos a la vida moderna. Ser honesto en los negocios, respetar las diferencias culturales, cultivar lazos familiares fuertes, consumir de forma consciente, velar por el medio ambiente, ayudar al prójimo sin esperar recompensa – todo eso son formas contemporáneas de vivir la ética de Tengri. Más que reglas, son orientaciones que emergen del sentimiento interior de conexión con el todo.

Es importante destacar que, por no tener una institución religiosa formal, el tengriismo confía en la consciencia individual y en la autorregulación espiritual. Cada persona es responsable de buscar su alineamiento con el Cielo, guiándose por el corazón, por los presagios y por la enseñanza de los más sabios. No hay infiernos eternos ni juicios finales temidos – existe sí la certeza de que todo retorna, todo se equilibra. Hacer el bien es, por lo tanto, hacerse bien a uno mismo. Vivir con honor, en armonía con los otros y con la naturaleza, es la única forma de permanecer en paz bajo la mirada del Cielo Eterno.

Esta confianza en la consciencia como brújula moral revela una espiritualidad madura, en que el individuo es llamado a desarrollar discernimiento y sensibilidad ante la vida. No se trata de seguir normas por temor a castigos, sino de cultivar una escucha profunda – al mundo, a los ancestros, a las señales sutiles del espíritu. El silencio, el sueño, el azar que se repite, la palabra sabia de un anciano: todo puede ser orientación. Vivir éticamente, en este horizonte, es estar afinado con una frecuencia que no impone, sino que invita. El error, cuando ocurre, no exige penitencia pública, sino reconocimiento sincero y esfuerzo genuino para restablecer la armonía. El perdón no es una concesión, es una necesidad del espíritu para no cargar fardos innecesarios en su caminata.

Es este sentido de responsabilidad libre lo que hace al tengriismo particularmente relevante en un tiempo en que muchos cuestionan las instituciones y buscan espiritualidades más auténticas. No propone un ideal inalcanzable, sino un camino posible, humano, falible y sagrado al mismo tiempo. Los valores surgen no para encuadrar, sino para guiar – como senderos abiertos por el ejemplo de los que vinieron antes. Honrar a los espíritus no exige perfección, sino coherencia. No basta proclamar amor a la naturaleza mientras se consume sin consciencia; no es suficiente hablar de ancestralidad sin escuchar a los ancianos de la propia comunidad. El tengriista moderno es llamado a unir intención y acción, palabra y gesto, en cada aspecto de su vida.

Por eso, más que un código moral, el tengriismo ofrece una pedagogía del ser. Enseña que vivir con respeto, coraje y generosidad es más que una virtud – es una manera de mantener el mundo respirando. Y si cada acción resuena en el tejido invisible que nos conecta, entonces cada elección, por menor que sea, carga consigo el potencial de curación o herida. El Cielo Eterno no juzga con balanzas, sino que observa con constancia. Y bajo esa mirada, la ética deja de ser obligación y se convierte en arte – el arte de vivir en sintonía con todo lo que existe.

Capítulo 29
Identidad Espiritual

En la vastedad interior que se extiende más allá de la carne y de la historia, hay un ancla invisible que sujeta al ser humano a algo mayor, algo anterior al nacimiento y posterior a la muerte: esa ancla es la identidad espiritual. Para los pueblos que vivieron bajo el cielo infinito de las estepas, esa identidad no era un concepto abstracto o una filosofía distante – pulsaba en la vida cotidiana, en los cantos de guerra, en las plegarias al amanecer, en los susurros de las montañas y en el olor de la leche hirviendo sobre el fuego sagrado. En el tengriismo, reencontrar la identidad espiritual no es solo recordar la fe de los antepasados; es redescubrir quién se es en la totalidad, fundiendo el linaje de sangre, la tierra de origen y el cosmos en una única voz interior.

Durante siglos, esa voz fue ahogada por imperios, invasiones, doctrinas externas, conversiones forzadas y políticas de asimilación. Las tradiciones chamánicas fueron marginadas, los nombres antiguos sustituidos por designaciones ajenas, y los rituales de conexión con el cielo y la tierra silenciados o ridiculizados. Sin embargo, incluso en los períodos más sombríos, la chispa de la identidad espiritual no se extinguió completamente. Persistió en los mitos contados por abuelas, en los gestos automáticos de reverencia a la montaña, en el respeto instintivo a los animales y en las lágrimas silenciosas derramadas ante el cielo estrellado. El tengriismo sobrevivió como memoria encarnada – un cuerpo espiritual colectivo a la espera de reanimación.

Cuando la represión disminuyó y las comunidades comenzaron a revisitar su pasado, muchos percibieron que algo esencial había sido olvidado. No se trataba solo de rituales o dioses antiguos, sino de una manera de estar en el mundo, una forma de ver la vida y la muerte, el tiempo y el espacio. Este despertar espiritual se ha manifestado en diversos niveles – del político al personal. Intelectuales pasaron a defender la valorización de las raíces culturales; artistas comenzaron a explorar símbolos tengriistas en sus obras; familias redescubrieron historias que parecían adormecidas. Pero más profundamente, individuos comenzaron a sentir una llamada interior hacia algo que no sabían nombrar, pero que resonaba con una ancestralidad más profunda que la genética.

Asumir una identidad espiritual tengriista hoy es un gesto de coraje y de amor. Es decir no a la homogeneización impuesta por las religiones institucionalizadas y por los modelos culturales globalizantes. Es afirmar que existe un alma colectiva que no puede ser borrada, y que esa alma tiene voz, tiene olor, tiene ritmo. En algunos casos, esto se manifiesta por medio de la adopción de nombres tradicionales, rescate de vestimentas ceremoniales, uso de runas antiguas en tatuajes o amuletos. En otros, es un cambio interno más sutil: una forma de rezar silenciosamente al cielo, una escucha atenta a las intuiciones que vienen del viento, una reverencia al nacer del sol como reencuentro con el misterio.

Esta identidad espiritual, sin embargo, no se limita a una etnicidad o a un territorio. Aunque arraigada en las culturas túrquicas y mongólicas, trasciende fronteras geográficas. Muchos descendientes de la diáspora – viviendo en Europa, América u otras partes del mundo – descubrieron en el tengriismo un puente para reconectarse con un sentido de pertenencia perdido. Otros, incluso sin vínculos de sangre con los pueblos nómadas, se sienten atraídos por esta espiritualidad por reconocer en ella un espejo de sus propios anhelos: libertad, reverencia por la naturaleza, conexión directa con lo sagrado, comunión con los ancestros. El tengriismo, en este sentido, ofrece un arquetipo universal de identidad espiritual que acoge tanto a los hijos de la estepa como a los huérfanos modernos de tradiciones.

Hay también un aspecto terapéutico en la reconquista de esa identidad. En un mundo cada vez más fragmentado, con individuos desorientados por crisis existenciales, pertenecer a algo mayor que el ego se convierte en una necesidad vital. La identidad espiritual tengriista ofrece no solo sentido, sino dirección. Dice: "No estás solo. Eres parte de un linaje, de una tierra, de un cielo. Tus pasos resuenan los pasos de tus ancestros. Tu voz es continuación de cantos antiguos. Tu dolor y tu alegría tienen lugar en el círculo sagrado de la vida." Este mensaje no es dogma, sino consuelo profundo.

La simbología de esta identidad es rica y viva. El color azul del cielo, el sonido grave del tambor chamánico, el arco de luz en el horizonte al amanecer, el balido de los rebaños a lo lejos, el nombre de un río que guarda memorias de ritos olvidados – todo eso compone una gramática espiritual que comunica con el corazón. Reasumir ese lenguaje es reconectarse con una memoria profunda, que tal vez nunca haya sido realmente perdida, solo adormecida. Es como volver a oír una canción que, sin saberlo, siempre estuvo en nuestra alma.

Es importante notar que esta identidad espiritual no exige exclusividad. Muchos que hoy se reconocen tengriistas continúan frecuentando mezquitas, iglesias o templos budistas. El tengriismo no exige renuncia, solo verdad. Invita a integrar, a reconciliar, a reconocer que detrás de muchas formas hay una misma esencia: la búsqueda de conexión, sentido y belleza. Así, no entra en conflicto con otras creencias, sino que las ilumina desde un punto de vista ancestral. Un musulmán que entiende a Tengri como el rostro cósmico de Alá, un budista que ve en los rituales tengriistas expresiones del dharma natural, un cristiano que reconoce en el cielo eterno al mismo Dios creador – todos ellos pueden beber de esa fuente sin miedo a la herejía.

En tiempos de crisis de identidad y exceso de ruido, la identidad espiritual tengriista ofrece silencio y presencia. Silencio para escuchar los susurros de lo invisible; presencia para habitar plenamente el cuerpo, la tierra, el tiempo. No se impone por fuerza, sino que se revela por la belleza. No compite, sino que invita. No cierra puertas, sino que abre caminos – no hacia afuera, sino hacia adentro. Y en esa inmersión interior, el individuo reencuentra no solo a los dioses del cielo y de la tierra, sino también su propia cara verdadera.

Esta redescoberta, cuando colectiva, tiene implicaciones aún mayores. Pueblos enteros, al retomar su espiritualidad nativa, reconquistan autoestima, dignidad y voz. El tengriismo se convierte, entonces, no solo en una religión, sino en un movimiento de curación histórica. Devuelve a los pueblos turco-mongoles la posibilidad de contar su propia narrativa, no ya desde el punto de vista de quien los colonizó o los intentó convertir, sino desde sus propios mitos, sus propios valores, su propio ritmo. Y al hacer eso, muestran al mundo que es posible ser moderno sin ser amnésico, ser global sin ser genérico, ser espiritual sin ser alienado.

Al restaurar esta identidad espiritual, no se trata solo de un retorno a las raíces, sino de un renacimiento que actualiza el pasado sin anquilosarlo. El tengriismo, al ofrecerse como camino vivo, permite que cada individuo se reconecte con su esencia sin necesidad de negar las complejidades del presente. Es una espiritualidad que respira con el tiempo, que acepta la pluralidad del mundo moderno, pero no renuncia a la profundidad ancestral. La identidad espiritual, en este contexto, se convierte en una brújula que apunta hacia adentro, incluso cuando los vientos del mundo soplan en direcciones contrarias. Y al seguir esa dirección íntima, el ser humano encuentra solidez en un mundo de impermanencias.

Esa solidez, sin embargo, no se manifiesta como rigidez, sino como centro. Un centro desde el cual se puede caminar con libertad, dialogar con el otro sin miedo a perderse, amar sin fragmentarse. La espiritualidad tengriista no necesita afirmarse por la negación de lo diferente, porque está firmemente arraigada en lo esencial. Por eso, florece sin pretensiones de supremacía, y justamente por eso toca tantos corazones.

Es posible que alguien descubra su identidad espiritual no entre tambores o cánticos, sino en la contemplación silenciosa de un árbol o en el recuerdo repentino de un nombre ancestral olvidado. El reconocimiento no depende de la forma – es acto de presencia. Quizás, al final, lo que el tengriismo enseña sobre identidad espiritual sea el arte de recordar quién se es sin necesitar oponerse a nadie. Ser entero, ser verdadero, ser parte – del cielo, de la tierra, de la historia y del porvenir. Esa es la herencia que los pueblos de las estepas legaron al mundo: la certeza de que el alma tiene territorio, tiene voz y tiene propósito. Y cuando esa alma despierta, aunque sea en tiempos distantes y tierras extrañas, trae consigo un soplo de eternidad que transforma todo alrededor. El cielo azul permanece, silencioso y vasto, como testigo y guardián de cada reencuentro.

Capítulo 30
Conexión Sagrada

Bajo el manto sereno del cielo azul, donde el viento danza entre las colinas y los ecos antiguos reverberan por las montañas, existe una conexión invisible y eterna que une a todos los seres. Esa conexión no es una creencia impuesta, tampoco una estructura teológica construida por eruditos. Es una vivencia que pulsa en el núcleo de la espiritualidad tengriista: la conexión sagrada. Una forma de estar en el mundo que trasciende lo racional, que no depende de textos sagrados ni de jerarquías religiosas, sino que nace de la intimidad entre el espíritu humano y el cosmos que lo circunda. La conexión sagrada es el puente silencioso que une el corazón al cielo, los pies a la tierra, y el alma al soplo divino que permea todas las cosas.

En el tengriismo, esta conexión es innata. No es algo que se aprende o se conquista, sino algo que se reconoce. Desde los primeros pasos de un nómada sobre la hierba húmeda de la estepa, el mundo a su alrededor susurra su sacralidad. Cada elemento – el fuego que calienta, el agua que sacia, la montaña que observa, el cielo que envuelve – es percibido como parte de un gran organismo vivo, una red de relaciones espirituales que sustenta el equilibrio universal. El ser humano, en este contexto, no es señor de la creación, sino hijo de ella. Y su misión más profunda es recordarse de eso cada día, cada gesto, cada pensamiento.

Esa memoria se da por medio de rituales simples y poderosos. Arrojar leche al cielo al amanecer no es solo una tradición cultural – es un acto de gratitud y reverencia. Atar cintas azules en los árboles no es folclore – es reconocer que allí habita un espíritu que merece respeto. Sentarse en silencio ante una hoguera no es solo descanso – es meditación viva, es escucha de lo invisible. Esos gestos, pequeños en apariencia, son inmensos en significado. Tejen, hilo a hilo, la conexión sagrada entre el individuo y el universo. Rescatan lo que fue olvidado: que la espiritualidad verdadera no se grita, se susurra. No se impone, se comparte.

Hay una poética imanente en esta forma de espiritualidad. La conexión sagrada en el tengriismo no exige templos – pues la cúpula del cielo es el mayor de ellos. No demanda sacerdotes – pues cada ser es capaz de dialogar directamente con los espíritus. No se limita a un día de la semana o a una estación del año – sino que se manifiesta en lo cotidiano, en el respirar, en el andar, en la mirada atenta. Está en la manera como se trata a un animal, en la forma como se cosecha una planta, en el respeto al silencio de las madrugadas. Y, sobre todo, está en la consciencia de que cada acción humana reverbera en el tejido del cosmos – pudiendo reforzar o romper los lazos sagrados que nos unen a todo lo que vive.

Para los practicantes modernos del tengriismo, esta conexión sagrada ha ganado nuevos contornos. En medio del concreto de las ciudades y el ruido de la tecnología, hay un esfuerzo consciente de rescatar esta relación espiritual con el mundo. Muchos encuentran en la naturaleza urbana – un árbol solitario, una lluvia repentina, el vuelo de un pájaro – puntos de contacto con lo invisible. Otros buscan parques, bosques o montañas los fines de semana no solo como ocio, sino como peregrinación silenciosa. Y hay aún quienes, incluso en apartamentos apretados, encienden velas, mantienen altares con piedras, hierbas, fotos de ancestros, creando microcosmos de sacralidad donde antes había solo vacío. En esos gestos, el espíritu ancestral del tengriismo se manifiesta en nuevas formas – adaptado, pero vivo.

La conexión sagrada también tiene un profundo aspecto psicológico. En tiempos de ansiedad, soledad y fragmentación, ofrece un antídoto eficaz. Al reconectarse con el mundo natural y espiritual, el individuo redescubre su propia entereza. Se siente parte de algo mayor, guiado por fuerzas que no se ven, pero se sienten. Muchos relatan experiencias místicas ante el cielo estrellado – una sensación de plenitud, de pertenencia cósmica, de paz interior que ninguna explicación racional consigue contener. Este estado de consciencia expandida, común en prácticas chamánicas, no es delirio, sino reencuentro con la dimensión sagrada de la existencia. Es el retorno al centro.

En el tengriismo, no hay separación entre lo sagrado y lo profano. Todo es sagrado – si es vivido con consciencia. La alimentación, el sueño, el trabajo, la sexualidad, la crianza de hijos, el envejecer – todos los ciclos de la vida son partes de una gran ceremonia cósmica. Y la conexión sagrada se expresa justamente en esa integración: no es preciso huir del mundo para encontrar lo divino. Él está aquí, ahora, en el olor de la tierra mojada, en el ruido del viento entre las hojas, en el toque de una mano amiga. Reconocer eso es despertar. Vivir eso es honrar el legado de los antepasados.

La transmisión de esta espiritualidad no se da por adoctrinamiento, sino por ejemplo. Un niño que ve a sus padres arrojar leche al cielo, que crece oyendo historias de espíritus de la montaña, que aprende a pedir permiso al árbol antes de cortar una rama – ese niño internaliza la sacralidad del mundo. Y aunque la vida urbana lo aleje momentáneamente de eso, la semilla de la conexión sagrada estará plantada en su alma, lista para florecer cuando llegue el tiempo. El tengriismo, así, se perpetúa no por estructuras institucionales, sino por gestos vivenciales, por memoria corporal, por afecto ritual.

Es importante notar que esta conexión no es solo con lo visible. Se extiende a los ancestros, a los espíritus de los muertos, a los protectores invisibles que habitan los planos sutiles. Para los tengriistas, los antepasados no murieron – solo cambiaron de morada. Acompañan a los vivos, guían, protegen, enseñan. Y mantener esa conexión viva – por medio de plegarias, ofrendas, recuerdos – es mantener viva también la propia identidad. La conexión sagrada, por lo tanto, es también un puente entre tiempos. Une el pasado al presente, y prepara el terreno para el futuro.

Hay una enseñanza silenciosa, pero poderosa, en el modo como los antiguos mongoles o túrquicos encaraban el cielo. Lo llamaban Tengri – pero no lo representaban con imagen alguna. El cielo era el propio rostro de Dios, desnudo, infinito, azul. Mirarlo era una oración. Y eso nos recuerda que la conexión sagrada no necesita intermediaciones. Está en la mirada atenta, en el corazón abierto, en la presencia plena. Está en el silencio que escucha y en la palabra que bendice. Está, sobre todo, en la humildad de reconocer que somos polvo y estrella al mismo tiempo – pequeños ante el universo, pero indispensables para su armonía.

Hoy, al caminar por entre ruinas de culturas extintas o templos abandonados, es posible sentir que la verdadera espiritualidad no muere. Solo cambia de vestiduras, de lenguaje, de morada. El tengriismo, al ofrecer la experiencia directa de la conexión sagrada, muestra que no es preciso reconstruir grandes estructuras para vivir lo sagrado. Basta reaprender a escuchar. Basta recordar. Basta reconectarse con la tierra, con el cielo, con la llama ancestral que aún quema silenciosa dentro de cada ser humano.

Este acto de reconexión, cuando vivido con sinceridad, devuelve al cotidiano un brillo que la prisa moderna suele apagar. Cada instante puede convertirse en rito, cada lugar puede ser altar. La sacralidad no está en los objetos en sí, sino en la mirada que los consagra. El niño que juega en el barro, el anciano que contempla el atardecer, la mujer que canta al preparar el alimento – todos participan de una liturgia invisible, donde el mundo entero se convierte en un templo vivo. El tengriismo nos recuerda que no hay distancia entre el espíritu y la vida; que la espiritualidad auténtica no es excepción, sino permanencia. Y que lo divino se revela, sobre todo, en la entereza de los pequeños gestos.

Con esta comprensión, la existencia se transforma. La conexión sagrada no exige aislamiento o ascetismo, sino presencia radical. No se alcanza huyendo de las responsabilidades humanas, sino integrándolas a la consciencia de lo sagrado. Ser hijo del cielo y de la tierra implica vivir con responsabilidad amorosa: cuidar, proteger, agradecer. El vínculo con lo invisible no aleja de la materia – al contrario, la hace un canal de expresión espiritual. Y así, tocar la tierra puede ser bendición. Cuidar de alguien puede ser oración. Trabajar con dedicación puede ser ofrenda. La vida deja de ser una carga y se convierte en dádiva – cuando se vive con el alma despierta para el misterio que todo lo permea.

La conexión sagrada, en fin, es menos un camino a ser transitado y más un estado a ser recordado. Es retorno a lo que siempre estuvo presente, incluso cuando olvidado. En el silencio interior, en las memorias que afloran sin razón, en el impulso súbito de contemplar el cielo – allí mora la llamada. Y atender a esa llamada no requiere credenciales ni maestros, solo entrega. El tengriismo, con su sabiduría ancestral, nos invita a vivir de forma sagrada sin separar lo espiritual de lo humano. A tejer, con el hilo de la consciencia, un puente entre lo que somos y lo que siempre fuimos. Bajo el Cielo Eterno, todo está unido – y recordar eso es, tal vez, el más alto de los rituales.

Capítulo 31
Resignificación Moderna

A medida que las arenas del tiempo se deslizan silenciosas por las vastas estepas de la historia, el tengriismo – esa antigua y vital espiritualidad de los pueblos túrquicos y mongoles – no desaparece. Se transforma. No se apaga bajo los vientos modernos, sino que resurge en nuevas formas, como brasas que persisten bajo las cenizas del olvido. Y en esta resurrección silenciosa, el proceso de resignificación adquiere contornos cruciales. La sabiduría ancestral no es dejada atrás; es transcrita, adaptada, reinterpretada, como si los antiguos cantos ganaran nuevos instrumentos. El siglo XXI, con su velocidad vertiginosa y desafíos existenciales inéditos, exige este movimiento de recreación de lo sagrado, y el tengriismo responde con una sorprendente vitalidad.

Resignificar, en este contexto, no es tergiversar. Es traducir. Es tomar los símbolos de ayer y darles nuevos contornos sin quitarles la esencia. Un ovoo erigido en la montaña continúa siendo un punto de conexión con los espíritus – pero puede ahora aliarse a una causa ecológica, como símbolo de protección de la naturaleza. Un tambor chamánico, antes herramienta de trance, se convierte también en instrumento terapéutico en sesiones de curación emocional contemporánea. Los dioses celestes y espíritus de la tierra no necesitan ser encarados como seres literales para que su mensaje toque fondo. Pueden ser arquetipos, fuerzas de la psique, metáforas vivas. El espíritu de la montaña puede ser tanto una entidad invisible como la expresión simbólica de la imponencia, de la estabilidad, de la ancestralidad del propio paisaje.

Esta plasticidad del tengriismo es su mayor fuerza. A diferencia de sistemas dogmáticos que exigen ortodoxia, se permite la fluidez. Un joven kazajo de alma científica puede mirar a Tengri y ver el cosmos, el campo cuántico, el orden universal. Una mujer urbana de Mongolia puede ver en Umay no una diosa, sino la representación de su intuición materna, de la fuerza que protege a sus hijos en el caos de la ciudad. Así, la antigua fe no se fosiliza – pulsa en las entrelíneas de la vida moderna, como un río subterráneo que irrumpe donde menos se espera.

El lenguaje también participa de este renacimiento simbólico. Términos ancestrales son rescatados, pero con nuevos matices. Palabras como "kut", "sülde", "tör" ganan espacio en conversaciones, blogs, músicas e incluso discursos políticos, no como reliquias etnográficas, sino como palabras-vivas que nombran experiencias íntimas. Hay quien llama a su energía vital "kut" en vez de "alma" o "espíritu". Hay quien se refiere a su dignidad personal como "tör", evocando los antiguos códigos morales del clan. Este vocabulario simbólico devuelve una densidad espiritual a la existencia cotidiana. Hablar de estos términos es también invocar una memoria colectiva que aún vibra, incluso bajo capas de modernidad globalizada.

El campo educacional, por su parte, ofrece una arena prometedora para la resignificación del tengriismo. Escuelas en Mongolia, Kazajistán y Buriatia han incluido en sus currículos elementos de la mitología y espiritualidad nativas. Profesores explican el significado de los rituales, cuentan leyendas ancestrales, y promueven visitas a sitios sagrados. Pero lo hacen de modo que integren, no excluyan. Tengri no es presentado como alternativa exclusiva a las religiones establecidas, sino como parte del patrimonio espiritual e identitario de los pueblos. Con eso, generaciones que crecieron alienadas de sus raíces comienzan a ver en ellas no atraso, sino fuerza. Y sienten orgullo del cielo azul que sus antepasados adoraban – no como nostalgia, sino como reconocimiento.

En las artes, el proceso es aún más intenso. Músicos mezclan ritmos electrónicos con cantos guturales chamánicos, creando un sonido que vibra entre el pasado y el futuro. Cineastas retoman narrativas heroicas donde los protagonistas oyen presagios en los vientos y hacen ofrendas al fuego antes de la batalla. Pintores retratan a los dioses celestes con trazos modernos, reinterpretando sus facciones conforme a los dilemas del presente. Y escritores, especialmente los poetas, han rescatado el vocabulario espiritual tradicional como fuente de inspiración existencial. En sus palabras, el cielo no es solo escenario – es personaje, es testigo, es juez silencioso.

En las ciudades, grupos de jóvenes se reúnen para realizar ceremonias tengriistas – pero con innovaciones. A veces no hay un chamán tradicional presente, sino un facilitador que estudió las prácticas ancestrales y las adapta con respeto. El tambor es tocado al lado de computadoras. Las cintas azules son atadas no en árboles sagrados, sino en balcones de concreto. Y aun así, el espíritu se manifiesta. Porque lo esencial permanece: la intención sincera de reconexión, la gratitud silenciosa al cielo, la reverencia a la tierra. Es ahí donde se revela el poder del tengriismo – su capacidad de moldearse al contexto sin perder el núcleo vibrante.

No se puede ignorar que esta resignificación moderna levanta debates. Algunos críticos acusan a los practicantes urbanos de "diluir" la tradición, transformando lo sagrado en espectáculo o terapia de boutique. Otros, más conservadores, rechazan cualquier adaptación y claman por un retorno "puro" a los rituales arcaicos. Pero el tiempo muestra que es justamente la adaptación la que garantiza la supervivencia. El tengriismo que florece hoy no es una copia del pasado, sino su continuidad dinámica. Incorpora, transforma e integra. No se cierra en dogmas, sino que se abre a interpretaciones. Y en ese movimiento, educa – no por la imposición, sino por el encantamiento.

La ciencia, lejos de ser enemiga, también encuentra puntos de contacto con esta espiritualidad renovada. Estudios sobre salud holística, psicología transpersonal y neurociencia de la meditación reconocen los beneficios de prácticas inspiradas en el chamanismo.

El golpe rítmico del tambor, por ejemplo, tiene efectos comprobados en la sincronización cerebral. Los rituales de gratitud reducen el estrés. El contacto con la naturaleza mejora la salud mental. Así, lo que los antiguos sabían por vivencia, la ciencia confirma por experimentación. Y eso no vacía el misterio – solo amplía la consciencia.

La tecnología, que parece inicialmente opuesta al espíritu ancestral, también puede servir de vehículo. Redes sociales se han convertido en espacios de difusión de enseñanzas tengriistas. Videos explican mitos, podcasts entrevistan a chamanes, aplicaciones marcan fechas de celebración del solsticio. Hay hasta videojuegos con tramas basadas en la cosmología turco-mongola. Eso atrae a los jóvenes, que se sienten parte de algo antiguo y nuevo al mismo tiempo. Es un matrimonio improbable, pero posible: ancestralidad e innovación. El cielo eterno encuentra su reflejo en las pantallas digitales – no como sustituto, sino como eco.

La ética tengriista también encuentra expresión en causas modernas. Grupos ambientales inspirados en el respeto a los espíritus de la naturaleza luchan contra la destrucción de bosques y ríos. Movimientos indígenas y culturales promueven la valorización de los saberes ancestrales, en parte alimentados por el renacimiento espiritual. Y hay hasta intentos de integrar el tengriismo a propuestas de gobernanza ética – con líderes evocando valores como la palabra honrada, la hospitalidad, el sentido de colectividad. El viejo ideal de gobernar en nombre del Cielo, como hacían los kanes legítimos, resurge en discursos de responsabilidad ecológica y justicia social.

El tengriismo moderno, por lo tanto, no es una religión en el sentido occidental. Es una espiritualidad en constante resignificación. Un tejido simbólico que se expande conforme a las necesidades del alma contemporánea. No exige fe ciega, sino que invita a la experiencia. No impone dogmas, sino que inspira preguntas. Y tal vez por eso esté resurgiendo con tanta fuerza – porque el mundo actual, saturado de certezas, anhela sentido. Y ese sentido, como sabían los antiguos, puede ser encontrado en el viento que sopla del este, en el fuego que danza en silencio, en el cielo que nunca dejó de mirar por nosotros.

Esa fuerza de resignificación se manifiesta, sobre todo, en la manera como el tengriismo toca las vidas individuales, despertando memorias que no son solo personales, sino colectivas, profundas, muchas veces inexplicables. No se trata de una simple retomada de costumbres, sino de un movimiento interior que busca restaurar el vínculo entre el ser humano y el misterio. Cada adaptación hecha con reverencia no disminuye la tradición — la renueva, permitiendo que la esencia permanezca viva dondequiera que esté. El sentido sagrado, tan caro al espíritu tengriista, no mora en las formas fijas, sino en la capacidad de escuchar lo invisible y responder a él con autenticidad. Y es por eso que, incluso en los ambientes más urbanizados, esta espiritualidad continúa floreciendo con fuerza y coherencia.

Al mismo tiempo, este renacimiento espiritual moderno no borra los desafíos. Hay tensiones naturales entre tradición e innovación, entre el anhelo de pureza y la necesidad de evolución. Pero lo que el tengriismo demuestra es que la fidelidad al origen no está en preservar cada detalle, sino en mantener vivo el soplo que anima el todo. Ese soplo es lo que lleva a jóvenes a tocar tambores en apartamentos, lo que inspira a profesores a contar leyendas olvidadas, lo que guía a activistas a luchar por ríos y bosques como si lucharan por la propia alma. Resignificar, por lo tanto, es un acto de coraje espiritual — es creer que lo sagrado puede renacer, incluso cuando parece sepultado bajo ruidos y concretos.

En la vastedad de un mundo en transformación, el tengriismo resurge no como reliquia, sino como respuesta. No busca vencer disputas religiosas ni ocupar espacios de poder institucional. Ofrece una forma de escucha, una ética de pertenencia, una espiritualidad que se moldea al tiempo sin doblegarse a él. Y mientras haya quien mire al cielo y sienta una llamada, quien toque la tierra con reverencia, quien oiga un tambor y sienta el corazón alinearse al ritmo del cosmos — el tengriismo continuará, resignificado, pero entero, como un soplo antiguo que se reconoce en el futuro.

Capítulo 32
Sabiduría Ancestral

Mucho más allá de cualquier doctrina escrita, la esencia del tengriismo reside en una sabiduría viva, que atraviesa generaciones como una melodía ancestral, silenciosamente transmitida entre los golpes del tambor, los cantos murmurados al viento y las decisiones tomadas a la sombra de un árbol sagrado. Esa sabiduría no se pretende sistematizada, ni se impone por dogmas — existe como un campo de presencia, un suelo fértil donde cada gesto cotidiano carga una enseñanza, y donde la Tierra, el Cielo, los espíritus y los antepasados hablan por medio de símbolos, señales y ritmos. Esa forma de saber, a veces ignorada o subestimada, es justamente la que más escapa a la erosión del tiempo: una sabiduría sutil, pero resistente, que sobrevivió a la invasión de imperios, a las conversiones religiosas forzadas y a la modernidad corrosiva.

La sabiduría ancestral del tengriismo no comienza con un profeta ni con un libro. Comienza con la mirada atenta del cazador que entiende el movimiento del viento y el silencio de la presa; con el oído del pastor que distingue en la voz del ganado señales de contentamiento o alarma; con la madre que observa el cielo antes de parir, confiando en que el niño nazca bajo buenos presagios. Comienza con el gesto del viejo que derrama leche al suelo al amanecer, honrando a la Madre Tierra, y con el niño que aprende que el fuego no es solo calor, sino espíritu. Son esas prácticas las que moldean un saber que no se enseña en escuelas, sino que se graba en el cuerpo, en los sentidos, en el corazón. Un saber que es más respirado que aprendido.

Dentro de este armazón invisible de enseñanzas, los antiguos distinguían varios tipos de alma — cada una con su papel y destino. Saber cuál alma enfermó o se alejó era tan importante como diagnosticar una fiebre. Era esa visión plural del ser la que enseñaba que no se puede tratar el cuerpo sin tocar el espíritu, ni cuidar de la mente sin reconciliarse con los antepasados. Sabiduría, en el tengriismo, es alinear las múltiples capas del ser: el *nefes* (soplo), la *sülde* (alma de la identidad), el *kut* (fuerza vital) y el espíritu que vaga en sueños. Cada término ancestral carga siglos de observación de la naturaleza humana, condensada en mitos y metáforas. Y es por medio de esos mitos — jamás cerrados, siempre abiertos al símbolo — que los pueblos de la estepa comprendieron su relación con el cosmos.

La cosmovisión tengriista propone que el universo está en constante diálogo consigo mismo. Los tres mundos — el superior, el medio y el inferior — no son compartimentos estancos, sino dimensiones permeables, unidas por raíces y ramas de un Árbol del Mundo que también crece dentro del ser humano. Ese árbol simbólico, cuyas raíces tocan los espíritus del inframundo y cuya copa se alza hasta las esferas celestiales, es un mapa interno. En él se aprende que el equilibrio no se conquista negando las profundidades ni se alcanza solo mirando las alturas. La verdadera sabiduría está en saber subir y bajar, como el chamán que viaja entre los mundos para traer curación. La imagen del chamán que danza alrededor del fuego es, en este sentido, un arquetipo de integración: no huye del mundo, sino que se sumerge en él, para reintegrar lo fragmentado, recoger lo que fue perdido, restaurar la armonía.

Esa sabiduría también se revela en el lenguaje. Proverbios antiguos — transmitidos como cantigas, estribillos o advertencias — encapsulan lecciones de supervivencia, respeto y compasión. Decían los ancianos: "No cortes el árbol que te da sombra", o "El caballo no se ríe de la montaña que cayó, pues mañana ella puede levantarse". Esas frases, aparentemente simples, cargan ecos de una ética profunda, arraigada en la reciprocidad. El bosque protege a quien lo respeta. El río devuelve a quien no lo ensucia. El animal que se entrega al cazador es recordado, no olvidado. Vivir bien, en este universo simbólico, es vivir en relación — con los seres visibles e invisibles, con los vivos y con los que se fueron. Por eso, los rituales de ofrenda no son meras formalidades, sino gestos de gratitud y equilibrio cósmico.

Hay, también, una sabiduría terapéutica inscrita en las prácticas chamánicas. La noción de que traumas espirituales se manifiestan como enfermedades físicas o psíquicas es milenaria en el tengriismo, mucho antes de que la psicología moderna formulara el concepto de "somatización". El chamán, al succionar un "objeto intruso" del cuerpo de un enfermo o al devolver su alma perdida tras un susto, realiza un tipo de curación simbólica que aún hoy resuena con las prácticas de la psicología transpersonal o de la medicina energética. Hay registros de sesiones en que pacientes modernos, incluso sin comprender la cosmología tengriista, experimentan alivio profundo al participar en estos rituales. Eso porque el lenguaje simbólico accede a áreas de la consciencia que la razón no alcanza. El alma, como sabían los antiguos, responde mejor a cantos que a argumentos.

La sabiduría ancestral del tengriismo también se manifiesta en la relación con el tiempo. El tiempo, para el nómada espiritual, no es lineal. Es cíclico, espiralado, estacional. Cada estación trae una enseñanza: la primavera renueva, el verano celebra, el otoño prepara y el invierno recoge. Vivir según ese tiempo es aprender a escuchar los ritmos de la naturaleza y los ritmos internos. Hay tiempo de plantar y tiempo de no plantar; tiempo de hablar y tiempo de callar; tiempo de actuar y tiempo de oír. Ese saber rítmico es vital en una era donde todo es urgencia. El tengriismo enseña la pausa, el rito, el intervalo sagrado. Y, por eso, al rescatar su sabiduría, rescatamos también otra forma de habitar el tiempo — más conectada, más respetuosa, más entera.

Los mitos, en ese proceso, no son meras historias antiguas. Son pedagogías simbólicas. El mito de Erlik, que desciende a los mundos inferiores e intenta robar la creación de Ulgen, es una narrativa de ambivalencia y aprendizaje: el mal no es solo castigo, sino también maestro. La historia de la loba azul que guía a los antepasados turcos de la destrucción al renacimiento es un relato sobre resiliencia, maternidad y dirección interior. Esos mitos, contados alrededor del fuego por generaciones, no son fantasía — son mapas del alma. Y cuando alguien moderno oye, lee o vivencia esas historias en un ritual o performance, algo se reactiva. Es como si la memoria profunda de la especie — aquella que nos conecta a la Tierra — despertara.

Hoy, universidades y centros de investigación comienzan a reconocer esa sabiduría ancestral no ya como folclore, sino como sistema complejo de conocimiento. Antropólogos, psicólogos y filósofos redescubren en el tengriismo claves para comprender la espiritualidad pre-moderna y, paradójicamente, caminos para el futuro. Porque hay una verdad cada vez más clara: el progreso técnico no basta. Necesitamos horizontes espirituales. Y las tradiciones ancestrales, como el tengriismo, no ofrecen solo contenido religioso — ofrecen ontologías, modos de ser, perspectivas sobre la vida que desafían el paradigma dominante.

El retorno a esa sabiduría, sin embargo, exige más que estudio. Exige escucha. Exige que el mundo moderno silencie por un instante sus ruidos de eficiencia y resultados, y se permita escuchar el susurro del fuego, el balanceo del árbol, el vuelo del halcón. Esa escucha es la puerta para lo que los antiguos llamaban la "voz del Cielo". Y aunque no se pueda probar esa voz, quien la oye sabe que existe. Es la voz que dice: formas parte. Estás conectado. Tienes un lugar en el círculo de la vida.

Esa escucha, cuando cultivada con humildad, se convierte en un portal hacia otra forma de conocimiento — más intuitiva, más experiencial, menos ansiosa por control. La sabiduría ancestral del tengriismo no pide que se comprenda todo, sino que se esté presente. Que se camine con respeto, que se hable con intención, que se oiga con el cuerpo entero. En tiempos de fragmentación e hiperconexión vacía, esa sabiduría reaparece como un remedio silencioso, una memoria de la entereza. Los que se permiten tocarla redescubren que aprender no es acumular, sino despertar. Y que hay un saber que solo se revela en la relación: con los elementos, con los otros, con lo invisible.

En ese movimiento, el rescate de la sabiduría ancestral no significa retorno al pasado como museo, sino como fuente. Es una inmersión en las raíces para florecer con autenticidad en el presente. Jóvenes que se aproximan al tengriismo muchas veces lo hacen en busca de identidad, pero acaban descubriendo también un sentido de dirección y pertenencia que trasciende lo individual. Y es en ese punto que la sabiduría de los antiguos se confirma viva: no dicta caminos listos, sino que orienta a mirar el cielo, a sentir el suelo, a reconocer las señales y decidir con el corazón alineado al cosmos. Eso no puede ser enseñado en fórmulas — pero puede ser vivido. Y, cuando vivido, transforma.

La sabiduría ancestral del tengriismo nos recuerda que ser sabio no es acumular respuestas, sino cultivar presencia. Que honrar a los ancestros es también transformar el mundo de modo que ellos lo reconocerían como digno. Que oír la "voz del Cielo" no es privilegio de pocos, sino derecho y responsabilidad de todos los que respiran bajo él. En un mundo cada vez más ávido de soluciones rápidas, esta tradición ancestral nos ofrece algo más profundo: un modo de ser que no separa el saber del sentir, ni lo humano de lo sagrado. Y tal vez sea eso lo que más necesitamos ahora — no más conocimiento, sino sabiduría. Y esa, como los antiguos sabían, nace del silencio, de la escucha y del caminar con el Cielo y la Tierra en el corazón. Pues como decían los ancianos de la estepa, "el saber del cielo no se escribe – se respira". Y respirarlo, hoy, es una forma de resistir, de recordar y de renacer. Bajo el mismo cielo azul.

Capítulo 33
Armonía Cósmica

La travesía por el universo espiritual del tengriismo nos conduce, sin mapas ni promesas, a la percepción de que todo lo que existe pulsa en un mismo ritmo primordial. No hay palabra más precisa para ese ritmo que armonía. No una armonía ilusoria, hecha de orden inmutable y silencio impuesto, sino una armonía viva, vibrante, mutable como el viento en las estepas, que reconoce el conflicto y la transición como partes del equilibrio dinámico de la existencia. En el tengriismo, esa armonía cósmica no es solo un ideal filosófico — es una realidad experienciable, vivida por medio de la conexión entre el ser humano, el mundo natural y las fuerzas invisibles que atraviesan ambos.

La esencia del tengriismo siempre ha sido relacional. El ser humano no existe como entidad separada; es hijo de la Tierra y del Cielo, hermano de los animales, primo de los árboles y sobrino de las montañas. Eso implica una responsabilidad cósmica: vivir es participar activamente de una red de relaciones que se extiende más allá de lo que los ojos alcanzan. En este contexto, cada acción tiene consecuencia espiritual. Derramar leche al amanecer no es un gesto simbólico vacío, sino un reconocimiento del flujo de dádiva entre lo que se recibe y lo que se devuelve. Ofrecer tabaco al suelo, encender el fuego con reverencia, llamar por su nombre a un espíritu guardián — todo eso son formas de mantener viva la danza del equilibrio.

La armonía cósmica se expresa también en la cosmología tripartita que sustenta el pensamiento chamánico: el mundo del medio, donde vivimos; el mundo de arriba, hogar de las fuerzas luminosas y del orden; y el mundo de abajo, donde reposan los misterios, las sombras y las fuerzas que curan por confrontación. Entre estos mundos, no hay separación rígida, sino interpenetración constante. Es en este ir y venir donde reside la sabiduría del chamán: subir a los cielos para traer mensajes, descender al inframundo para rescatar almas, retornar al plano material para restaurar la salud y el orden. La armonía cósmica se manifiesta en la fluidez con que los planos se tocan, sin jerarquía absoluta, sin exclusión. Cada mundo tiene su papel, y despreciar cualquiera de ellos es romper el equilibrio.

Es en esta perspectiva que se comprende la importancia del ritual. El ritual es el hilo que teje los mundos. Es en él que el tiempo común se suspende y se abre un espacio-tiempo sagrado donde la armonía cósmica puede ser restaurada o reforzada. Cuando un tambor resuena bajo la noche estrellada y una voz entona los nombres de los ancestros, no se trata de nostalgia, sino de reconexión. Aquello que estaba disperso comienza a converger: los vivos y los muertos, los humanos y los no-humanos, lo visible y lo invisible. El ritual reequilibra no solo los elementos exteriores, sino también los interiores — las partes del ser que estaban en disonancia vuelven a escucharse.

En lo cotidiano, esa armonía se traduce en acciones simples, pero cargadas de intención. El pastor que agradece al rebaño antes del sacrificio, el campesino que planta según las fases de la luna, la anciana que susurra bendiciones al té que ofrece a los nietos. Esos gestos sustentan un mundo que no ha sido cortado en pedazos, sino que permanece entero. Y ese mundo entero no es menos real por ser invisible a los ojos distraídos. Por el contrario: es él quien sustenta todo lo demás.

La armonía cósmica también exige escucha. Escucha de lo que no habla con palabras: el silencio de las montañas, el murmullo de los ríos, el susurro del fuego. En el tengriismo, aprender a escuchar es quizás la virtud más fundamental. Escuchar las señales de la naturaleza, los sueños, los presagios. Escuchar la propia intuición como si fuera el habla de un espíritu aliado. Escuchar a los ancianos no solo con los oídos, sino con el cuerpo, con el tiempo, con la humildad. Porque es en la escucha que el alma aprende el lugar que ocupa dentro de la vastedad.

En términos prácticos, esa escucha se traduce en formas específicas de actuar en el mundo. La agricultura respetuosa que no agota el suelo. La caza ceremonial que reconoce la dádiva del animal. La arquitectura que se orienta por el sol y los vientos. La música que se afina con los sonidos de la naturaleza. Todos esos aspectos, aunque parezcan técnicos o funcionales, son expresiones de una armonía mayor — aquella que existe entre el hacer humano y la inteligencia del universo.

El tengriismo también enseña que esa armonía no es algo que se conquista de una vez por todas. Es frágil, transitoria, exige constante mantenimiento. Como el caballo que necesita ser cepillado todos los días, como el fuego que necesita alimento, la armonía necesita atención, renovación, cuidado. Eso significa que el ser humano es coautor del orden cósmico. No un mero espectador, ni un dominador, sino un participante activo. Un jardinero de lo invisible. Y eso implica responsabilidad, vigilancia y, sobre todo, devoción.

En el mundo moderno, donde todo es fragmentado, acelerado y cuantificado, esa noción de armonía cósmica puede parecer romántica o ingenua. Pero basta mirar las crisis — ambientales, espirituales, sociales — para percibir que el desequilibrio actual no es técnico, es ontológico. Falta una visión de totalidad, una ética del cuidado, una espiritualidad que reconozca al otro — sea humano, animal o montaña — como sagrado.

El tengriismo ofrece esa visión. No como un sistema cerrado, sino como un horizonte desde el cual otras formas de vida son posibles. Y tal vez lo más importante: esa armonía no es una utopía distante. Puede ser tocada ahora, en este exacto instante, al respirar con consciencia, al mirar al cielo con reverencia, al tocar la tierra con respeto. Cada ser humano carga en sí la posibilidad de convertirse en puente entre mundos, de ser un eje de equilibrio. El chamán, en ese sentido, no es solo una figura externa, sino una función interna. Cada uno puede ser el chamán de sí mismo, desde que acepte la llamada del Cielo y de la Tierra, y esté dispuesto a caminar entre las sombras y las luces con coraje y humildad.

Al final, lo que el tengriismo enseña no es un conjunto de creencias, sino un modo de estar en el mundo. Un modo que ve en el cielo una presencia viva, en la tierra una madre nutridora, en los vientos mensajeros, en los animales compañeros, en los ríos maestros. Un modo que celebra los ciclos, honra a los muertos, canta para los espíritus y danza con las estrellas. Un modo que recuerda que la vida no es algo separado de la espiritualidad — ella misma es el rito, el templo, la ofrenda.

Vivir en armonía cósmica, dentro de la visión tengriista, es reconocerse como parte de una sinfonía invisible donde cada ser tiene su nota, su compás, su melodía singular. Cuando ese reconocimiento ocurre, hasta el gesto más simple — como caminar descalzo en la hierba o levantar los ojos al cielo antes de dormir — se convierte en oración. Esa forma de espiritualidad no busca trascender el mundo, sino habitarlo con entereza. La armonía, así, no es una abstracción distante, sino una práctica encarnada: está en la forma como se respira, se habla, se cosecha, se silencia. Y esa práctica se renueva cada día, porque el equilibrio es movimiento, jamás estado fijo.

Esa consciencia de pertenencia no niega el dolor ni el caos, mas los acoge como parte del flujo. El trueno tiene tanto lugar como la brisa. La pérdida también enseña, el vacío también habla. Al comprender eso, el practicante del tengriismo aprende a caminar con ligereza entre fuerzas que no puede controlar, pero con las cuales puede dialogar. La vida, entonces, deja de ser una batalla contra el destino y pasa a ser una danza con el misterio. Es ese entendimiento lo que da profundidad a la armonía cósmica: no exige perfección, apenas presencia. No exige certezas, apenas entrega. No se sustenta en la fuerza, sino en la escucha, en el cuidado, en el constante retorno al centro.

Al reconocer que todo es relación — con el cielo, la tierra, los espíritus, los otros seres y consigo mismo — el individuo retoma su lugar sagrado en el círculo de la vida. Y en ese círculo, nadie es más importante que otro, nadie está arriba o abajo: todos participan del mismo soplo, de la misma danza cósmica. Esa es la lección que resuena suavemente en las prácticas, mitos, cantos y silencios del tengriismo. Una lección que, aunque ancestral, permanece viva porque pulsa dondequiera que alguien pare para escuchar el viento y recordarse de que la vida no está separada de lo sagrado — ella *es* lo sagrado, en su forma más plena.

Epílogo

El Viaje Continúa Dentro de Ti

No es posible salir incólume de una travesía como la que acabas de hacer. Lo que este libro reveló no son solo prácticas antiguas o fragmentos olvidados de una cultura ancestral — son llaves de una espiritualidad que aún pulsa, silenciosa, por entre los velos del mundo moderno. Y ahora que esas llaves te fueron entregadas, algo dentro de ti cambió. Tal vez discretamente, como el viento que cambia de dirección. Tal vez intensamente, como el fuego que consume y purifica.

El Tengriismo, tal como presentado aquí, no exige retorno literal a las estepas, a las tiendas o a los rituales chamánicos de antaño. El verdadero retorno que propone es interior. Es un reencuentro con la esencia que siempre estuvo presente, pero que fue ahogada por el ruido de la prisa, de la desconexión y del olvido colectivo. Porque, en su raíz más profunda, esta sabiduría no pertenece solo a los pueblos turco-mongoles: pertenece al ser humano. Al ser que reconoce el cielo con reverencia, que toca la tierra con cuidado, que escucha a los ancestros con humildad y que camina con consciencia entre mundos.

Las enseñanzas aquí reunidas no terminan con la última página. Al contrario, es a partir de ella que comienzan a fructificar. A lo largo de esta lectura, fuiste conducido por paisajes espirituales donde el cielo no era metáfora, sino presencia; donde la tierra no era recurso, sino madre; donde los espíritus no eran leyendas, sino compañeros sutiles. Cada concepto presentado es una semilla. Y como toda semilla, necesita tiempo, escucha, sombra y luz. Y sobre todo, continuidad.

La espiritualidad propuesta aquí no separa, no jerarquiza, no divide. Une. Une lo visible y lo invisible, el cuerpo y el alma, lo humano y lo no-humano. En esta cosmovisión, lo sagrado no es una excepción a la rutina — es la propia urdimbre de la vida. Y comprender eso es comprender que cada gesto importa. Que cada palabra dicha bajo el cielo es escuchada. Que cada decisión, incluso la más íntima, reverbera entre los mundos.

A lo largo de estas páginas, caminaste al lado de chamanes, reyes y ancianos. Escuchaste el viento que carga los cantos olvidados. Aprendiste que no hay pecado, sino desequilibrio; que no hay salvación prometida, sino armonía conquistada en el día a día. Aprendiste que honrar a los ancestros es más que encender incienso: es vivir de modo que no los avergüences. Que cuidar de la tierra es más que un acto ecológico: es una forma de gratitud espiritual. Pero tal vez la mayor enseñanza sea esta: el cielo nunca se alejó de nosotros — nosotros fuimos los que dejamos de mirarlo.

La buena noticia es que el cielo continúa allí. Y continúa dispuesto a escuchar. El retorno a la espiritualidad verdadera, por lo tanto, no exige grandes reformas ni fugas de la civilización. Exige, sí, una reconexión íntima con el silencio, con el cuerpo, con el flujo natural de la vida. Exige atención. Reverencia. Escucha.

    El recuerdo del alma nómada es, en el fondo, una invitación a la ligereza. A vivir con menos ruido, menos rigidez, menos arrogancia. Y con más escucha, más presencia, más sintonía con los ciclos. El nómada sabía que no era el centro del mundo — era parte de él. Sabía que las fuerzas invisibles no exigían miedo, sino respeto. Sabía que el destino se escribe con los pies en el suelo y los ojos en lo alto. Y ahora tú también sabes.

    El Tengriismo no propone que abandones todo, sino que revises tu forma de estar en el mundo. Enseña que espiritualidad es, ante todo, calidad de presencia. Está en la manera como te sientas ante una hoguera o ante un extraño. Está en la forma como respiras, como oyes, como actúas cuando nadie está mirando. Está en la decisión de vivir como parte del todo — y no como dueño de él.

    Al cerrar este libro, algo permanece abierto. Un ciclo fue cerrado, pero el camino espiritual no se cierra. Solo se vuelve más visible, más accesible. Puedes ahora reconocer las señales con más claridad. Puedes escuchar con más profundidad. Puedes, en fin, vivir con más sentido. Porque el conocimiento aquí accedido no sirve para ser solo leído. Pide ser vivido.

    Y eso comienza ahora. En el gesto más simple, en la palabra más honesta, en la mirada más atenta hacia el cielo. Lo que los antiguos sabían — y lo que este libro te recordó — es que la espiritualidad verdadera no necesita ser enseñada, solo despertada. Y si despertó en ti, aunque sea en destellos, entonces ya valió.

Recuerda: eres parte del linaje que contempla el cielo y reconoce la tierra como sagrada. Eres parte de la corriente que no se rompió, solo adormeció. Y ahora despierta. El viaje continúa, y el tambor aún suena. Que tu escucha sea profunda, que tu caminar sea ligero, y que tu alma, como los antiguos, sepa danzar entre los mundos con sabiduría.

Que el Cielo Eterno te inspire. Que la Madre Tierra te sustente. Que los espíritus ancestrales te acompañen. Siempre.

www.ingramcontent.com/pod-product-compliance
Lightning Source LLC
LaVergne TN
LVHW040048080526
838202LV00045B/3543